TRENDS IN WESTERN THOUGHT AND
PARADIGM SHIFT

當代西方思潮
與典範轉移

國家發展研究學會 主編

巨流圖書公司印行

國家圖書館出版品預行編目（CIP）資料

當代西方思潮與典範轉移 / 國家發展研究學會主編.
-- 初版. -- 高雄市：巨流, 2017.07
　面；　　公分
ISBN 978-957-732-550-1(平裝)

1.社會變遷 2.文集

541.407　　　　　　　　　　　　　106011274

當代西方思潮與典範轉移

主　　　　編	國家發展研究學會
責 任 編 輯	王珮穎
封 面 設 計	郭衍驛
美 術 編 輯	施于雯
發 　行 　人	楊曉華
總 　編 　輯	蔡國彬

出　　　版　巨流圖書股份有限公司
　　　　　　80252高雄市苓雅區五福一路57號2樓之2
　　　　　　電話：07-2265267
　　　　　　傳真：07-2233073
　　　　　　e-mail: chuliu@liwen.com.tw
　　　　　　網址：http://www.liwen.com.tw

編 　輯 　部　23445新北市永和區秀朗路一段41號
　　　　　　電話：02-29229075
　　　　　　傳真：02-29220464
郵 撥 帳 號　01002323 巨流圖書股份有限公司
法 律 顧 問　林廷隆律師
　　　　　　電話：02-29658212
出版登記證　局版台業字第1045號

ISBN　978-957-732-550-1　（平裝）
初版一刷　2017 年 7 月

定價：230 元

作者序

　　世界潮流，浩浩蕩蕩，沛然莫之能禦。身處時代洪流之中，我們只能「看見」與切身相關的點滴變化，但是我們「看不見」的是當時空壓縮之後，這些思潮典範的緩慢變遷對人類世界所產生的劇烈影響。

　　當孔恩（Thomas Kuhn）在《科學革命的結構》書中提出科學革命其實就是典範的轉移概念後，讓我們理解到常態科學社群自我選擇後的典範變遷，社會科學的重大革命都源自於典範的變遷。於是，現存的典範也不過只是一個暫時圓滿的論說，將來也會被更圓滿的傳說（典範）所代替，而重點是在這些尋常的「看見」中，我們還能不能設法看見那些「看不見」，造成典範變遷，引領人類思潮向前邁進。

　　時至今日，本書各篇文章用更高的角度，更寬廣的視野來看待當代西方思潮典範的轉移顯得更加有意義，它能讓我們駐足於林中見樹，也能走出林中迎向天光雲影相映成趣。

　　本書得以付梓，誠摯感謝科技部予以部分經費補助（計劃編號 MOST 105-2515-G-819-001），以及巨流圖書李麗娟經理和團隊夥伴的細心編輯，作者群囑咐末學代為撰寫本書序文，向各方申致謝忱。

閔宇經 代表作者群
謹誌於健行科技大學

目　次

由《存有與時間》詮解時間的生命教育

江蘭貞

健行科技大學通識教育中心助理教授

摘要

　　本文闡述在生命教育的過程中，啟發學生反思自身的生命時光以領悟時間對其生命的意義。分為以下觀點討論，首先提出探索時間課題的重要性，然後，依次描繪一般人的時間觀，接著闡述哲學與科學史上著名的時間觀，進而引出《存有與時間》的時間觀，其開創時間哲學的新里程碑，通過時間性以闡述存有的意義問題。本文作者嘗試將《存有與時間》之時間觀引入生命教育，裨益學生理解其生命之有限性與存在性。本文結論收攝於時間之意義對於生命教育的啟示，係在於喚回本真性自我以及開展生命存有的可能性。

關鍵詞：《存有與時間》、生命教育、時間、理解、詮釋

壹、前言：探索時間課題的重要性

那麼時間究竟是什麼？沒有人問我，我倒清楚，有人問我，而我想說明時，便茫然不解了。

—— Augustinus, *Confessions*

在一部名叫「命運好好玩」（Click）的影片中，男主角是一位建築工程師，希望讓妻子與小孩過富裕的生活，他非常努力地工作，只要是工作與家庭活動衝突時，總是以工作優先，討好老闆，想要藉由努力工作爭取升官。有一天，他得到一個萬能遙控器，可以任意使用遙控器操控他生活上的人、事、物。他最喜歡按的就是「快轉」鍵，讓他可以跳過一切不想經歷的無聊時刻，只渴望升官的那一天趕快來到。「快轉」鍵同時也讓他錯失了許多美好時光，轉眼間心愛寵物小狗過世、父親離世、妻子與他的離婚、小孩成長的過程也跳過了……。「快轉」鍵已成為他生命的慣性，遇到事情就快轉，在他人生臨終的時刻，他覺悟到這死亡天使的遙控器讓他錯過太多了，當他看見兒子重蹈他的覆轍，放棄與新婚妻子的蜜月旅行，而選擇了工作，他在死前告訴他的兒子一定要去度蜜月……。

以上內容讓我們驚覺人的一生是如何使用與看待生命時光，我們在意家人，然而卻把時間投注在工作上，直到人生盡頭，才後悔自己錯過與摯愛親人相處的過程。這饒富意涵的「快轉」鍵，正象徵著我們生命的慣性，當我們想要避開厭煩的時刻，同時也跳過其過程中的經歷。其意旨乃是：當一位父親想要跳過孩子的調皮搗蛋，就同時也跳過了孩子天真無邪的時刻；一個大學生想要跳過上課與寫報告，而直接來到畢業，則這個畢業是空洞的。大學畢業必須奠基在學習上，如果一個大學生只有玩樂的生活，而跳過上課的學習與寫報告的訓練，必然會對大學生涯產生空洞感。

由上述的體察，本文企圖對生命時光的存在性進行探討，針對在我們一般人對時間之感受，以及如何看待與使用時間進行省思，主要借重海德格

（Martin Heidegger, 1889-1976）《存有與時間》（*Sein und Zeit, 1927*）[1] 中對於時間的哲思做為資糧。大學生命教育課程中必然要觸及人生時光規劃的課題，而其底蘊即是：我們到底要如何面對人生當中時間的功課，怎樣走到人生盡頭時才不會後悔，而虛嘆人生苦短或人生無意義。對「時間」進行人生哲思的反省，能夠將幫助我們對生命時光有更多的理解與掌握。本文先描繪一般人的時間觀，接著探索哲學與科學史上著名的時間觀，然後即轉入《存有與時間》所啟發對時間的存在性的反思。最後結論則是由《存有與時間》所揭示的時間性意義提出其對生命教育的啟示 [2]。

貳、一般人的時間觀

生活在現代社會，沒有人能夠避開時鐘不看，它以多樣化的方式呈現，如手錶、手機、電腦、汽車、商場裡的時鐘等……，時間刻度的顯示可謂無所不在，而我們的生活一切作息與活動也都以時間做為劃分、節律、調控之參考基準。我們之感受到時間，主要來自於大腦的活動，不論是回憶過去、想像未來、感受當下一切，其實都是其作用的結果，若這些機制有些受損，時間感也就有所改變甚至消失。在時鐘上的客觀時間是社會中人際關係上共同約定見面、工作、上課、約會等的客觀量度。然而，時間的流轉其在每一個人的主觀感受卻是各自不同的。當我們在經歷愉悅的事情過程中，會覺得「時間飛逝」；而當我們經歷病痛、無所事事、或做不喜歡的事時，卻覺得「度日如年」。因此，時間感乃以一種內在與主觀的經歷感。

---

[1] 本文所採用的《存有與時間》之德文版本為：M. Heidegger, *Sein und Zeit*, Tübingen: Max Niemeyer Verlag, 2001. 同時參照中國學者之中譯本：馬丁・海德格，《存在與時間》，王慶節、陳嘉映譯（臺北：桂冠圖書，2002）。在文中引用時一律先引德文版頁碼，後附上中譯本頁碼。在臺灣沈清松及項退結等對此書之譯名為《存有與時間》。在本研究採用臺灣譯名將 Sein 譯為存有。

[2] 因篇幅的限制，本文的焦點放在《存有與時間》的時間觀的探討，進而連結到對生命教育的啟示。因此，對於哲學史與科學史對時間種種龐雜的各家論述，只能做基本的文獻查證，無法在此詳盡論述。

　　當我們手邊有著許多事情需要處理時，便總覺得時間太少。從早到晚，時間似乎永遠跑在前頭，而我們在後苦苦追趕，今天做不完的，就被堆積到明天以至後天。在書店裡，關於時間管理的指南書，總是能夠吸引讀者翻閱，這類書的常見的說法即是：閱讀本書，將能夠幫助你從此告別忙碌的生活，你將從本書學到如何管理時間云云……。指南書總告訴你：重要的事馬上處理，不重要的可以忽略不理，到了晚上檢查一天的行程，你將發現自己已經完成重要且必須完成的事。依據 Stefan Klein 所做的研究指出：

> 很多參加過時間管理課程的人感覺很有收穫，但那只不過是一種安慰作用。幾週後效果便煙消雲散。「出乎預期的是，參加時間管理課程的人回到辦公室後，並沒有比較滿意自己的工作，也沒有感覺壓力減輕。」（Klein, 2006, p. 209）

　　Klein（2006）觀察人們感到時間緊迫其實有更深層的原因，其主要是與我們的感受及思想有很大的關係，經常感到緊張忙碌的人，其注意力會偏離，而無法專心於打算要做的事，這樣下去，當一天結束時，只有上千次的分心與恍神，而這些時間的浪費是無法在行事曆上記載的。

　　對於時間管理，我們總會有這樣的迷思：時間既然寶貴，那就同時進行好幾件事吧，我們以為同時做兩件事以上，似乎是將時間充分應用；其實不然，當我們同時進行多件事情時，我們的注意力是跳躍式的而無法專注。例如：你正在撰寫一則文案或論文，若分心處理一通電話或一則訊息，雖然只有短短數分鐘，看似不算什麼，但當你回到原來的正在進行的文案或論文上，則需要更多時間召喚原來的思緒才能啟始或接續工作。因此，我們應該體悟到越想爭取時間，其實是失去更多的時間。以上是從生活經驗出發，體察一般人的時間觀與檢視常見的時間管理。其讓我們自知：我們總是分心於應接不暇的機遇事件，而不能專注於真正重要的事情。

參、哲學與科學的時間觀

當我們在走路上或在搭車時，請問旁人，「現在是什麼時間」？旁人一定非常清楚地回答你現在是幾點幾分，但是，若你繼續追問他，請問「什麼是時間？」相信一時半刻他不知該如何回答。一說到時間，大家總覺得熟悉，但要說時間是什麼，卻又不是那麼容易的一件事。因此，時間也就成為古今中外多少詩人、作家、哲學家與科學家努力尋求理解與解釋的問題。在哲學的領域之中，對時間進行系統性的論述，始自柏拉圖（Plato, 427-347 B.C.）。在〈Timaeus〉篇中，柏拉圖說道：

> 神製造一個運動著的永恆影像，於是祂在整飭天宇的時候，為那留止於一的永恆造了依數運行的永恆影像，這個影像我們稱之為時間。日、夜、月、年在天被造出來之前並不存在，但當祂在建構天的時候把它們也給造了出來。它們全部都是時間的部分。過去和將來也是時間生成形式，而我們不經意地將它們錯誤地轉換為永恆的存在，因為我們說「過去是」、「現在是」、「將來是」，等等，實際上只有說「現在是」才是恰當的，而「過去是」和「將來是」只能用來談論有時間的生成變化。（Plato, 1997, pp. 97-98）

柏拉圖認為「過去」與「將來」都表示運動，而不動的永恆者是不會隨著時間變老或變少，時間的形式只是永恆者的摹本，並且其依照數的法則。（Plato, 1997, p. 119）亞里斯多德（Aristotle, 384-322 B.C.）延續柏拉圖對於時間的看法，他指出：我們必須把握時間是運動的什麼，因為我們是同時感覺到運動與時間的，假若有某種運動發生了，我們就會立即得知同時有某個時間已經過去了；反之，當得知有某個時間過去了，我們也總能發現同時有某種運動已經發生了。時間就先與後而言，是運動的數目，並且是連續的。時間不能被說成快和慢，只能被說成有多寡和長短。因為做為連續，它有長和短，做為數目，則是多和寡。（Aristotle, 2001, pp. 291-294）到了近代的康德（Immanuel Kant, 1724-1804）則認為：

時間是內部感官的形式，即我們自己的直觀活動和內部狀態的形式，因為時間不可能是外部現象的任何規定；它既不屬於形狀，又不屬於位置等等，相反地，它規定著我們內部狀態中諸表象的關係。（Kant, 1929, p. 77）

康德的時間觀，主要是提出「時間」乃我們人類的直觀形式，其為先天的，非來自於經驗的觀念。較早於康德的科學家牛頓（Isaac Newton, 1643-1727）則主張：時間和空間是，而且一直是，它們自己以及一切其他事物的處所。所有事物置於時間中以列出順序，置於空間中以排出位置。時間和空間在本質上和特性上就是處所。（Newton, 1687/1846, p. 119）即對牛頓而言，他主張是一種絕對的時間觀，事物以此參考座標而得以羅列順序。綜觀上述哲學家與科學家都各自提出對時間做出一番定義並解釋何謂時間。其對於時間概念大致上可區分為：以自然哲學的方式處理時間現象，將時間空間化而可加以進行計算和測量；其次，是將時間劃分過去、現在、未來，時間是片刻的連續性，這種觀點與我們日常感受的時間觀一致，認為人的生命時間是由過去、現在與未來所組成。然而，海德格則是翻轉了前人對時間的探討，他不再視時間為抽象、思辨的對象，而是將「時間」徹底地與我們的「存有」結合起來，讓我們得以體察生命時光的意義。接下來，剖析《存有與時間》當中的時間觀，其能幫助我們對生命的有限性、可能性與存在性進行理解。

肆、《存有與時間》之時間觀

在《存有與時間》第一篇的尾聲，海德格回顧前面所作的種種準備工作，對存有者的存有樣式給出了初步成果，其暫時之結論為：「憂心」（Sorge）乃是「此有」的基本存有結構。然而在這基礎上能否從憂心的領悟中得到存有的意義，最終能否得到一個此有最源始的整體性？這即是如陸敬忠所指出：

海德格對此有的基本存有學式或詮釋學式現象學解析乃一種逐層深究存有基礎或此有基本結構深度層次之過程。先從直接的、日常的、常態的現象界開始一直往此有之為具體性的主體之深層結構向度縱深，亦即，

從「在世存有」之現象進行，經由對「在—有」做為其存在性的基本結構之分析，再深入探討憂心之為其基源自我的基本結構整體，終至「時間性」之為此有最基源、最基本的存有學式意義統一體。（陸敬忠，2004，頁674）

本文於此將詮解海德格的時間性分析所帶出此有存有學的意義統一性，將分為以下兩點探討：第一、此有對其有限性之理解、第二、此有對其存在性之理解。

一、此有對其有限性之理解——向死的存有

海德格於《存有與時間》引進死亡問題之目的，主要是說明此有的存在是時間性的，正因為此時間性，此有的整體才有可能被掌握，所以時間性應可被看作此有基源的存有意義。由此，我們必須理解海德格對「終結」（Ende）與「整體性」（Ganzheit）之想法。海德格用了三個論題表達死亡：(1) 只要此有存在，它就存在性地開展著，亦即始終在境遇性的理解中企向其存有的可能性，海德格稱此存有的可能性為「能是」（Seinkönnen），以表達其為此有之將能是但尚未是的可能性，當此有仍存在著，便總有未完盡實現之可能性，海德格稱此種對於「整全之能是」（Ganzseinkönnen）尚未完盡之狀態為「懸欠」（Ausstand）。(2) 由尚未終結而走向終結是此有消除懸欠的方式，即不再此有的性質。(3) 走向終結乃是包含一種任何此有皆不可替代的存有樣式。海德格說：在此有的身上存在著持續的「不完整性」，這種不完整性隨著死亡的到來而告終結，這是無可爭辯的。海德格舉「債務」為例，說明：「懸欠」是指本來屬於一起的東西尚未到齊，當欠款收齊全了，也就補足金額了。然而若將這種說法延伸到此有與死亡的關係上，卻並非死亡對此有而言「尚未」的意義。此有的「齊全」絕不是在過程中陸續地收攏片段而完成，因為到時此有已不存在了，此有之存在，則恰恰是其「尚未」正是歸屬於此有[3]，如同果實之尚未成熟而從其自身趨向成熟，其不成熟就是其存有方式，在其成熟過程中就「是」這種「尚未」成熟。應在何種意義下看待死亡？海德格提

---

[3]　參 *Sein und Zeit*, S.242。中譯本，頁328-329。

出「懸臨」（Bevorstehen）概念，其簡單地說就是即將來臨。死亡乃是此有不得不承擔的存有可能性，死亡是最屬己的，其由此有獨自承擔沒有任何人能夠替代，別人可以幫我做任何事，但我的死亡沒有人能代替，當死亡懸臨於自身之際，此有對其他此有之一切關聯皆解除了，死亡同時也是不可超越的可能性。

　　此有在其日常狀態，總習慣地沉溺於常人的閒談之中，常人的閒談係如何理解死亡這最屬己、無所關聯、且超不過的可能性？常人所形成的公眾意見是如何揭示死亡呢？海德格回到我們日常狀態最具體的生活來看此有的日常性。他指出日常的公眾意見總把死亡做為一種「認識」的事件來看待，死亡做為一個客觀的事實，每一個人都會死但當下的我還未遇上，故常人面對這類事件總是有所保留或加以閃躲。使得死亡從本來屬己的不可替代性，如今卻變成擺在眾人之前的一個事件，在言談中把死亡當成一個現實之事，反而隱藏了死亡本來的與其他存有之無所關聯性及自身存有之不可超越性，此有就在這樣的言說中失去了自己。掩藏與閃避死亡的日常狀態頑強地統治此有，我們甚至對臨終者勸說，讓他相信可以逃脫死亡，不久即可返回在其中操勞的世界，我們就是以這種方式將死亡安定下來，不讓死亡來打擾我們。海德格的意思絕不是說如此的日常狀態就可擺脫死亡，這種沉淪的存有方式，恰恰正說明了日常此有對於向死存有之逃遁。此有本是屬己的向死存有，然而此有卻逃避它，將其改鑄成恍如他人的死亡事件，此有以此擔保自己還活著。在死亡面前逃遁而將其視為事不屬己，這乃是非本真的向死存有[4]。

　　從前面的論述，我們已經知道屬己的向死存有是不可被替代的，其使得我們再也不能忘我地投身於日常的事務中，而必須面對本真的此有。非本真的向死存有於日常生活中是何樣態呢？在日常性中的那個自我是「常人」，其乃是按照社會對自我詮解而建構起來的，我們會以公眾對事物之詮解及透過閒談來表達自己，常人也會對死亡有所談論，我們就以常人對死亡之闡釋當作是自己之闡釋。常人對死亡的理解，其與此有最屬己的、無關他者的和不可超越的可能性之死亡具有何種關聯？以下海德格為我們揭示向死存有在其日常性之面貌：我們日常生活當中所形成的公共觀點是將死亡「認識」（ken-

---

[4]　參 *Sein und Zeit*, S.253-260。中譯本，頁 340-348。

nen）為一件發生的事，是「死亡事件」。海德格這裡用「認識」，其意表明常人對死亡的理解已經不是源始的，而是一種理性的認識，如同認識自然災難那樣，把死亡當成一個「客觀」的事件來看待。常人的理解是每天電視新聞報導有些人死亡，不管是否認識他們，終究不是我死，我則當下還活得好好的，這個死的訊息不過像似花開花謝的事件一般，就是人世間必然會發生的一件事，就像生活中的其他事一樣，早已司空見慣，這便構成常人對死亡的詮解，只是理性認識，卻從不觸動自身將其當作一個屬己的可能性。當我們以這樣方式在看死亡時，我們不是在面對死亡，而是在逃避死亡。海德格向我們強調這是日常的非本真存有方式，日常的此有即是以這種方式向死存有[5]。

海德格說：「朝向此可能性存在著的存有將自己帶到存在的全然的不可能性面前」[6]。其用意就是表明只有面對自己存在絕對的不可能性，此有才能擺脫常人對己的影響，而面對真正的此有自己的存有。日常此有總是逃避著死亡，這乃是一種遮蔽，遮蔽此有本真地向死存有。「總有一天會死，但是現在還沒有」的日常想法，乃是承認死亡的確定性[7]，一般我們之所以相信死亡的確定性，是因為沒有人會懷疑人不會死，但是不懷疑，只是純主觀的確定性，而不包含對死亡之確定性。死亡的確定性是內在於此有存在結構本身的確定性，而非純主觀之不懷疑所致的確定性，這兩種確定性並不一致，故而從「不懷疑」得來的確定性不能表示死亡的確定性。日常人們以為死亡的確定性是由於我們都不懷疑死，但其實不懷疑的確定性正是掩蓋此有正在並且總在邁向死亡的真實理解，表明在日常常人話語中，死亡的確定性具有兩可性。這種兩可性使常人得以更加遮蔽死亡而減弱這種確定性。（張汝倫，2012，頁 679）

本真地向死存有能否被標畫出來？此有究竟如何讓自己得到本真地向死存有的企向？海德格標誌一些重要的環節來告訴我們：首先，我們不能把死亡視為任何上手或手前性的事物，如此死亡便只是做為一種對象或是事件，似乎我們可以對它進行掌控，就依靠憂心來將它安置在某處，若如此則我們

---

[5]　參 *Sein und Zeit*, S.253-254。中譯本，頁 340-342。

[6]　見同上書，S.255。中譯本，頁 343。

[7]　見同上書，S.255。中譯本，頁 345。

正是將向死存有的存有根基抽掉了。此存有根基之意義是：死亡並非如手前物之尚未到臨，反而正是在其存有中之已經先行到來，當刻意忽略存有之根本變動性，等於是將存有所立足之根據或地基抽除了。海德格所說的向死存有的可能性，是指我們本來就對死亡先行地具有某些理解，我們理解向死的可能性就是根本不可能再繼續存在的可能性，死亡是每一種存在都不可能的可能性，此有便是要向著這最極端的可能性來展開自身。這種理解讓此有得以看到自己最本己的存有，死亡不是無差別性地屬於每個人僅此而已，反倒可以帶出此有的個別性來，其讓此有理解到死亡的無關他者，而使此有能做為一個個別化的自身。此種個別化之意義在於凸顯：死亡讓此有看清一切依托於世間的操勞煩忙，以及與我共在的他人都是對其無能為力的，走到這一步，此有才能本真地為其自己而存有。這不是要將為事物煩忙操勞及與他人共在的關心阻隔掉，此二者正是做為此有一般存有的條件，此有理解到我的操勞關心是要抽離常人對我的控制，我生命的企向不是企向到常人那裡去，如此，此有才得以真正地從自己出發，把最屬己的存有承擔起來。本真的向死存有之另一個重要環節就是帶出人的自由，死亡讓此有脫離常人的意見，死亡為此有一切皆不再可能的可能性讓此有理解到「恐懼」，而「恐懼」則讓此有得以為自己做選擇與做決定[8]。

二、此有對其存在性之理解——時間性綻出

海德格探討此有與時間性之目的是為了獲致生命的一種整體性之領悟，而生命的整體性就是一種時間性。奧古斯丁（Aurelius Augustinus, 354-430）的時間觀對海德格者或較有啟發性之關聯，奧古斯丁在其《懺悔錄》（*Confessiones*）中說道：

> 因為時間即是祢創造的，祢絲毫沒有無為的時間，沒有分秒時間能和祢同屬永恆，因為祢常在不變，而時間如果常在不變就不是時間了。（Augustine, 1762/1985, p. 294）

---

[8] 參 *Sein und Zeit*, S.260-266。中譯本，頁 348-356。

即他認為時間是上帝之所創造，但上帝常在不變乃屬永恆，而時間若也常在不變就不是時間了，故他在此提出時間做為受造之有限性、變動性、非常在性這三種也屬於存有者的特徵。於《存有與時間》中，海德格曾引用奧古斯丁認為時間無非是靈魂自身之廣延，並且自承將此有當作「時間性」（Zeitlichkeit）的闡釋並未超出流俗時間概念之視域[9]。但是，縱有以前如此多的時間概念，其都無法做為海德格基礎存有學的時間觀，因此，他對時間賦予嶄新的觀點，以此關聯到他前面對此有的基礎分析而做一整體的聯繫。

Gordon（2001, pp. 78-80）指出海德格的時間觀具有四個結構性因素，其一是時鐘上呈現的時間對此有乃是具有意義性，其意義乃是在於其日常之在世存有中，意義是表達時間的結構性因素之一；第二個結構因素是「時標性」（datability）。此有總是存在於「當前現身」中，並且關聯到某個特定的曾經或將來的「當前現身」，所有這些現身對此有都是具時間標記性的，這些時標乃是關聯到此有特定的發生之事，其每一個對於此有之意義都是其所發生之事而刻下的時標，並因而聯繫到此有之在世存有。表現時間的第三個結構性因素是其延展性，對海德格而言，每一時刻是本質性地延展著的，其展開之幅寬乃是依其對此有之意義而變化的。時間的第四個結構性因素是公共性，此有與其他此有之間以時間之關聯性而共在，故此有之時間性乃是可以與人共在的公共性知識。時間之表現起源於此有的存在之時間性，「綻現展開的」（ekstatisch）時間性是此有的存有建構條件。此有之存有的獨特性乃是在於其屬己的時間性建構，而使此有之獨特存有不同於所有的其他存有。此有既然乃是本質上時間性的，為何此有通常會看待時間為一外在一系列的「現在時刻」？海德格認為這就是來自於此有之沉淪，而順從於常人平凡的、芸芸眾生所決定的非本真存在模式，此有的非本真性將其存有錯誤地關聯到和推給外在外延之事物所決定，此有之將時間視為外在便是反映其自身的沉淪及非本真的存在。

不論本真或非本真地向死存有，這向死的存有不是到了「將來」才會發生，而是我們讓這個「將來」已經在當下起作用，讓我們當下做抉擇。如果

---

[9]　參 *Sein und Zeit*, S.427。中譯本，頁 560。

我們認為將來只是尚未到來的物理時間，那將不會對我們有任何意義，因為物理時間的將來永不到來，正因向死存有是此有最根本的前提，不管是本真或非本真地向死存有，企向於將來也就讓此有先行於將來，亦即表明此有的存有是將來的[10]。當此有的存在性意義是將來，如果我們從將來來到（回到）我們自己的話，那麼我們也已經存在了。「來到自己」或「回到自己」就意味著我們發現了我們的能在，它是一種已有的、只是沒有實現的能在或可能性，這表明，只要此有是將來的，它也一定已在了。「先行的決斷」是此有對自己存有的屬己性之理解。做為一個常人——自我在世存有，不能免於被拋於世，這就是此有的有限性，海德格把這種有限性稱為「虛無性」（Nichtig-keit）。很顯然，只有屬己此有在其先行的決斷才能有此理解，才能看到此有的虛無性，即是指向決斷之有限性。這種理解本身不是一種理智的知識，而是一種存在的行動，它意味著從存在立場接受這為有限性被拋的存在，而決然地開展當下行動以企向先行之將來。

海德格如何看「現在」呢？現在的意義不在於事情在現在發生，而在於我們所做之事使得現在有意義。此有之在日常生活的處境，這個處境是由先行決斷所揭示的，但這種揭示不是一個理智的活動，因為先行的決斷不僅是此有的思維，更是此有的存在，此有首先存在於日常的實踐活動中，即在使用周圍世界事實的、日常的操勞中揭示此有的現在處境。具體而言，此有對它存在處境中忙碌事物的存有具有一定的理解，海德格把此有與事物建立在存有學理解上的關係，稱之為「決斷了的存在」。它是與事物的實踐關係，先行的決斷開展著此有的現在處境，只有在「當前化的」（Gegenwart）意義上做為當前現身，決斷才能是其所是：即有所行動地與加以把握的周圍世界「在場者」（Anwesenden）相逢會[11]。故「現在」的意義在於我們直接意識到我們自己的活動是一個處境中的行動，並且同時也創造了處境。我們在日常生活的活動中，操勞地與上手事物相遇，使得事物做為它們所是而呈現出來，因此，「現在」絕不是一個界線分明的瞬間，而是此有日常存有的樣態。

---

[10] 參 *Sein und Zeit*, S.327。中譯本，頁 431。

[11] 見同上書，S.326。中譯本，頁 429。

對於「曾經」的時間性看法，海德格從人的被拋性來說明，被拋性就是表明「已經存在」的性質。海德格的意思是：接受被拋性也就意味著我們肯認如其所是那樣的此有，被拋性與向死的存有已經是相通的，被拋性是我們的「已是」，把被拋性看成過去，則過去如何與我們發生關連呢？海德格認為被拋性是我們的「已是」，而這個「已是」繼續影響著我們，我們可以從某種可能性來理解自己，對被拋性的理解也是一樣，我們「已是」的歷史，都以一種可能性影響著現在，因為「曾經已是」始終與我們的存在有關。海德格指出此有在其本質性的咎責存有（Schuldigsein）中理解先行的決斷。這一個理解說明了存在著承擔起咎責的存有，做為一個「虛無」狀態下被拋的存有，其要承擔被拋狀態只有這樣才是可能的：即將來的此有能夠是它最屬己的「正如其已是」（wie es je schon war），也就是如同此有的過去「曾經是」（Gewesen sein），只有當此有理解到「我是所曾是」（ich bin-gewesen）而存在，即過去依舊影響著我，此有才能以將來的方式回到自己身上。先行達乎最極端的最屬己的可能性就是有所理解地回到屬己的已是上，也只有當此有是將來的，它才能本真地是曾經，曾經以某種方式源自將來 [12]。以上海德格說明將來與曾經的關係，已是（Gewesen）就是曾經，海德格用 Gewesen 來描述時間性本身特性，便是要說明對於此有而言的曾經，沒有過去，只有已是。

伍、結論：時間性意義對生命教育的啟示

我們嘗試將海德格所提的時間性概念引入至生命教育當中，讓學生透過對於時間性的理解，將自己的生命承擔下來，這個承擔是存有意義上的承擔，亦即是：既承接自己境遇的限制，亦理解其可以開展的獨特可能；既自由地為自己的可能性做選擇，亦擔負起開展自己可能性的憂心憂勞。為達此目的，於此結論中探討對此有時間性理解之生命教育分為其一：死亡的意義於生命教育之啟示：喚回本真性自我，其二：時間性意義於生命教育之啟示：開展存有可能性。

---

[12] 參 *Sein und Zeit*, S.326。中譯本，頁 429。

一、死亡的意義於生命教育之啟示：喚回本真性自我

生命教育的教導是期待學生能夠對生命有一整體的理解，這一任務可以透過海德格對於「時間性」之闡釋。為了能夠顯示此有存有之整體，海德格指向此有的死亡，他將死亡描述為人之存有的一種真正的也是終極的可能性，在這種可能性中，才有人在世界之中的存有整體。死亡向人顯示了其進一步之不可能的可能性，換句話說，死亡是這樣的一種可能性，它使此有存有的潛能成為完全地有限，人徹底地有限，因為死亡從一開始就已給了此有，從而是此有從其開始存在就必須承擔的一種存有方式[13]。此有在其沉淪中，總試圖忘記死亡的本真意義，然而只有通過對死亡意義的理解，才能通達本真性。本真的此有知道此有的存在終極就是放棄自身，意識到這點，此有就不會閃躲其死亡之確定性，而是將其做為自身有限性的構成要素接受下來，從而使自己自由地面對死亡[14]。

李燕蕙（2005，頁118）說明海德格向死存有的哲思，死亡不是「懸欠」而是「懸臨」（Bevorstehen），從一種生活上可以想像得到的情境來做詮釋：如果把死亡做為生命終點的意義，便意味著死亡之到來是一個「尚未」（Noch-nicht），我們目前活著、距離生命的盡頭還有一段的距離，便把死亡理解為一種「懸欠」（Ausstand），人變成了存在直到盡頭，死亡便不會在尚未到來的生命中有何意義。然而「憂心的先行」已「懸」在我們心中，即將來「臨」。「懸欠」與「懸臨」的差別在於前者將死亡固定於生命的彼端，很久才會到來，而後者卻是從「存在的此刻」來看死亡，是一種存在性的理解，死亡的懸臨是人的「最屬己的、解除所有關聯的、無法踰越的、確知而不確定的可能性」。

死亡讓此有無法逃避，人一旦洞悉「我自己」有死為真相，人反而會以預期的心情，預知有這緊逼而來的懸臨可能性，從而隨時督促自己要面對自己的「死」，他要有勇氣為「死」而活。這時此有，便不致受常人自我的幻想

---

[13] 參 *Sein und Zeit*, S.236-246。中譯本，頁 321-333。

[14] 參同上書，S.264-265。中譯本，頁 353-355。

誘惑，而能夠開示出自己本真存有意義。（江蘭貞，2011，頁39）面對死亡的存有其本質上是憂心的，那些通過把憂心變成害怕或紳士般泰然自若，因而剝奪我們憂心的人，使我們與生命本身相異化，更肯定地說，其使我們與自由相隔絕（Steiner, 1978, pp. 100-102）。憂心或焦慮向此有顯露了面對死亡的自由，這個自由肯定此有實現自身之可能性。

面對死亡的自由之意義在於此有可以由此面對自己的存有。雖然這種向死的自由不是日常意義的自由，但卻是事實的、確定的。這種向死的自由就是屬己的向死存有。向死的自由並非我能任意地改變死亡這個事實性，而是認清了我可以充分以及自由地理解我存在與我不存在的意義。存在與不存在同樣都是可能的，因此，當我面對死亡讓我不存在的可能性，其必會意識到我存在的可能性。

二、時間性意義於生命教育之啟示：開展存有可能性

此有存有學之意義即是追問此有之可能性，則憂心之意義即是追問如何成其為可能，先行之決斷是此有之能在的本真性模式，也就是「朝向」自身可能性之存有；而再緊接著問，是什麼使得此「朝向」成為可能？那就是因為現在我們就有著將來，將來不是躺著等待在時間路線上的尚未抵達者，將來之所以有意義是因為我們「朝向」著它而將它「迎來」，故而我們是現在就有著甚至背負著將來，而並不是等待著將會有將來，將來之所以有意義是因為我們現在正成其為可能。這就是海德格之所以問何謂在時間中存有，而非只是問何謂時間。在時間中存有之意義使得時間性的綻出與此有之存在有其統一性，時間性之綻出乃使得此有的存有得以成其可能。Turetzky 把《存有與時間》的時間性綻出的行為意涵表述如下：

> 此有乃是其自身總在過渡之中的，它總是朝向它所如今「尚未是」中流轉，也總是來自於它所「不再是」中而入於現前之中。呈現、期待、持存乃是現時之做為過渡性的本質性時刻，並做為環抱著存有，而使得我們可去數算我們的現時，並且對於在時間中之任何存有也都是如此。（Turetzky, 1998, p. 187）

海德格在德文的將來（Zukunft）用語中插入橫線成為 Zu-kunft，其意旨是盼望地朝向（Zu-）未來之意，此其中最催迫人的覺察就是「向死的存有」。我們可以說海德格的時間性分析中最看重者便是將來，這與其一貫地視可能性優先於現實性的存有意義有關。Gelven（1970, pp. 180-181）指出：海德格所認為的「曾經」與「將來」之對於現在的意義都必須以人的存在來詮釋：將來的意義是「我是正在迎向著將來的如今之我」，而曾經的意義是「我是因此曾經而致如今之我」，而「現在」的意義不是在於「曾經」之不再與「將來」之未至之間短暫一瞬而已，它也不只是在現在這一刻中有某事發生了的意義，就存有學之思考，現在的意義是我們有某種行動作為，因而使某事物「現前存在」，現在之最源初意義乃是覺察因著己身之所行所為而使這一刻得以發生「呈現」於目前，而非自外於這一切存在經驗，徒任時光流轉看著事件在眼前生發興起，「現在」的存有學詮釋是此有藉由行動造就出情境而使其「現前存在」。

從海德格所揭示源始的時間性，在生命教育中，正可以讓我們反省日常生活看待時間的非本真方式。我們用時間確定日期與時刻，正是在這個範圍內，人們聲稱沒有時間（從事……）。日常此有主要處於現在，在我的日常煩忙中，其通常處於「常人」的狀態，於是，我的時間就是「常人」的時間。其次，自然科學的客觀時間觀也影響著我們，這種時間是不可逆的，並且已經變成我們日常時間概念，在日常生活中，曾經被視為確定地過去了，現在居於支配的地位，將來是未來臨的。然而，「先行的決斷」讓此有理解存有之為一個整體，此有將不再迷失於芸芸眾生之中無可自拔，能夠轉而關心自身之存有，也就是企向「我能夠成為什麼樣的人」。先行的決斷關聯著憂心、良心的召喚、咎責感以及向死的存有，先行的決斷讓此有傾聽召喚，做出屬己的抉擇，先行的決斷代表著本真的將來，指引此有去揭現其屬己的終極的可能性。我們可以說決斷是一個自由意識，暸然醒覺於自身之責任與咎責，並將其強調點置於可能性，而先行則是對死亡之可能性的懸臨覺知。Gelven（1970, p. 175）認為：先行與決斷之關係乃是兩者互相涵容彼此，決斷揭示給此有的是其與時俱在之咎責，故而包含在決斷之概念中的乃是「只要存在著」或「直到最終」之概念，而咎責之意義就是只要活著就有其未完成之責任與對

於責任之自由抉擇。於此的結論是如孫雲平所做的詮釋：只有在當「此有」面對個體化的處境，此有才可能做出抉擇決斷的。而通過此有這種存有層次的下定決心，其存有的「可能性」也才可能向此有真正展現。（孫雲平，2010，頁73）

　　總結上述對於時間性意義的討論，其哲思帶給生命教育之啟示在於開展存有可能性。生命教育必然會觸及對於個人至今生命歷程之檢視及未來生涯規劃的探討，提供我們看待生命的曾經、當下以及將來之整體性的把握，使學生不僅只視時間分割為過去、現在與未來的三個時段，而能察覺時間就是他個人生命的成長過程與發展的可能性。海德格哲思對於生命整體的理解活動之啟發為：理解的活動是在生活中看出每個人自身獨特的可能性，而生命時光就是在於實踐這種生命的可能性。就如同我回顧生命歷程而承擔那就是當前的我，我們的生命開展的可能性在時間性的意義上，乃是以一種將要前來的自我方式呈現，我也肯認那樣的我乃是我的可能性，這樣已經在此先行規劃的將來，讓我們有兩種選擇，第一種是如前所述以先行的決斷本真地往將來而行，先行的決斷展現我們對生命的參與性，而最終得以讓我的可能性實現；第二種的選擇是我不參與在生命的可能性之中，而是迷惑在世界的存有者之中，以等待的心情在期待著將來的來臨，於是那樣的時間對於我就只是以物理時間溜過去，而具有真正生命時光意義之我的生命可能性卻停格在原來的芸芸眾生中，這也就是非本真的時間性。對生命時光反思，可以體悟到在日常生活中我們總是於當下沉迷操勞許多事，忙著與各種事物打交道，先行的決斷得以使我們從迷惑於時下潮流的短暫事物之中回到自身，這即是海德格所說的當下瞬間（Augenblick）[15]，當下瞬間之意旨是我們從迷惑於日常瑣事當中脫出，決斷地回到本真地面對生命，在決斷中擺脫非本真地理解，當下瞬間讓我們看到日常生活瑣事對我們能是的遮蔽，這個瞬間讓我們了解到生命的處境是為了開展將來的可能性。

　　生命教育課程當中觸及到生涯規劃的討論，其真正意涵在於企向屬己的將來，所以這個將來不應該是人云亦云的將來，或者哪一個行業賺錢就學習哪一個行業的專長。我能夠理解曾經之我是如何繼續影響著我，而不是與我

---

[15] 參 *Sein und Zeit*, S.338。中譯本，頁450。

當下無關或已經消失的一個時段而已。現在的我要去本真地面對當前瞬間，對我的境遇有所憂心用心地現身其中，而不是迷惑在當下日常流行的事物之中。對於未來，我明白要有先行參與之決心，才能以當下之作為影響將來，使我的可能性成為可實現性，而不是以一種期待的方式被動等待將來的到來。如此，對於時間性意義的理解，得以幫助大學生在其求學階段得以理解到生命歷程或生涯規畫是持續和終身的過程，其必須是屬己獨特的規劃。我的生涯不是規劃到某種他人或社會上所期待的或受肯定的職業，而是朝著能夠真正實現自己可能性之向度開展。

參考書目

外文文獻

Aristotle (2001). *The Basic Work of Aristotle* (R. McKeon, trans.). New York: Modern Libary. (Original work published, 384-322 B.C.)

Augustine (2009). *Confessions* (H. Chadwick, trans.). New York: Oxford University Press. (Original work published, 397)

Gordon, H. (2001). *The Heidegger-Buber Controversy*. London: Greenwood Press.

Gelven, M. (1970). *A Commentary on Heidegger's "Being and Time"*. New York: Harper & Row.

Heidegger, M. (2001). *Sein und Zeit*. Tübingen: Max NiemeyerVerlag. (Original work published, 1927)

Klein, S. (2006). *Zeit: der Stoff, aus dem das Leben ist, eine Gebrauchsanleitung*. Frankfurt am Main: S. Fisher VerlagGmbH.

Kant, I. (1964). *Critique of Pure Reason* (N. K. Smith, trans.). London: MacMillan and Co. Ltd. (Original work published, 1787)

Newton, I. (1846). *Newton's Principia: The Mathematical Principles of Natural Philosophy* (A. Motte, trans.). New York: Daniel Adee. (Original workpublished, 1687)

Plato (1997). *Plato's Cosmology: The Timaeus of Plato* (F. M.Cornford, trans.). Indianapolis: Hackett Publishing Company. (Original work published, 427-347 B.C.)

Steiner, G. (1978). *Martin Heidegger*. Cornwall: Fontana Press.

Turetzky, P. (1998). *Time*. London and New York: Routledge.

中文文獻

Frank Coraci（導演）（2006），命運好好玩（Click）【影片】。臺北：得利影視出版。

王慶節、陳嘉映（譯）（2002），M. Heidegger 著，**存在與時間**（*Sein und Zeit*）。臺北：桂冠。（原著出版年：1927）

江蘭貞（2011），解消生死對立——為生命開顯存有意義之視野，**生命教育學術研討會論文集**，頁 29-42。

李燕蕙（2005），早期海德格的生死哲學，**揭諦**，第 8 期，頁 93-134。

孫雲平（2010），偶然性與事實性——海德格《存有與時間》的「此在」分析，**東吳哲學學報**，第 21 期，頁 53-80。

張汝倫（2012），**《存有與時間》釋義**。上海：國家哲學社會科學成果文庫。

徐玉芹（譯）（1985），A. Augustine 著，**奧古斯丁懺悔錄**（*Confessiones*）。臺北：志文。（原著出版年：1762）

陸敬忠（2004），海德格「基本存有學」與哲學詮釋學之緣起：《存有與時間》思路對高達美哲思啟始之效應歷史，**中原學報**，第 32 卷，第 10 期。

經濟視角的人才價值：論現代人力資本觀念演進

吳建德

嘉南藥理大學休閒保健管理系助理教授

摘要

　　對於「人」是一種具有經濟價值的「資本」觀念，無論在中西方，起源甚早。但有系統的討論人力資本問題，則是在工業革命以後。本研究透過歷史文獻分析途徑，探討現代人力資本思潮演進過程，試圖了解不同時期視「人」為資本觀念的演進。從研究發現：古代中西方已察覺「人為國本」，且已有施教於民，以達到國富民強的觀念，因此古代可視為是人才觀念的萌芽時期。工業革命以後，古典經濟學成形，經濟學家則以資本主義的視角將人視為生產工具的一部分，故此時可謂現代人力思潮的啟蒙階段。到了十九世紀末，新古典經濟學派繼起，人力資本觀念又注入了教育的因子。新古典經濟學的視角，認為教育是與土地、勞動、資本等齊的生產要素。而現代注重教育投資以及教育機會均等化的觀念，也在此時逐漸茁壯。二十世紀以後，經濟學家運用數理分析技術等計量方法，證實教育投資對個人及國家社會的貢獻，並且建立當代的人力資本理論。而人力資本理論的出現，為教育經濟學形成獨立且有系統的學科提供了理論基礎。這正說明了，無論是何種思潮形成或演變，建立都是在時代巨輪的推進下，集合不同世代智慧所累積的成果。

關鍵詞：人力資本、教育、生產力、教育經濟學

壹、緒論

財貨（goods）與勞務（services）的產出，必須藉由資源的重組與運用，經濟學將這些資源稱之為生產要素（factors of production）。這些生產要素包含以下四項：土地（land）、勞動（labor）、資本（capital）與企業家精神（entrepreneurship）（Parkin, 2012: 3）。土地泛指所有附生於大地的天然植物與礦物；勞動則是人們所提供各種型態的勞力與勞心；而資本則是指廠房、機械設備與存貨等各種人造生產資材。至於企業經營能力則是企業經營者運用、組合生產要素產出財貨與勞務的創新（innovation）能力，以及在其經營過程中經營者所必須承擔各種風險（risk）的綜合表現。勞動與企業經營能力出自於人，資本則為人造的資源，創造資本的主體亦為人，因此歸結現代經濟學所稱之生產要素，實則人力資源（human resources）與自然資源（natural resources）之別。

回溯人類歷史，在歷史洪流推進過程中，諸多的不和諧與衝突、矛盾，往往來自對自然資源的覬覦。從遠古時期的部族戰爭，中古時期東方漢民族與匈奴的衝突，到近代西方殖民思想的勃發，以及上個世紀的兩次世界大戰，無一不是起因於對自然資源的掠奪。隨著時代演進，現今無論是企業的存續或者國家發展的核心，其重點已不在只是自然資源的爭鬥，「人才爭奪戰」已成為當今人類不和諧與衝突的源頭。換言之，人力資源已見凌駕自然資源成現代經濟發展的重要條件。

事實上，「人」是具有價值的、且視「人」為資本的觀念起源甚早。我國最早人力的思想見諸於周朝，所謂「周為農耕種族，但不知土地之有價值，而耕耘土地，又知人力之重要。所以既得天下之後，除分配土地外，又復分配人民。」（薩孟武，1966：18）這裡所指的「分配人民」，就是充分運用人力之意，西方先哲也有類似的論述。至於有系統建構人力相關理論，不過是近代的事。本文試圖以歷史文獻分析（documentary-historical approach）的途徑，探討當代人力思潮的形塑過程。

貳、「人為國本」的人才觀念察覺

承前所述，人力資本的觀念無論在中西方起源甚早。在中國，早在春秋戰國時期先秦諸子對教育、經濟與國家發展的關係，已有諸多論述。在西方，則可追溯至古希臘哲學家柏拉圖（Plato, 427-347 B.C.）、亞里斯多德（Aristotle, 384-322 B.C.）等。以下分別就古代中西方對「人的價值與作用」，敘述如下。

一、古代中國人力資本概念的形成

春秋初期，齊國管仲（725-645 B.C.）主張將社會成員依士、農、工、商不同的職業別，分業定居。一方面便於政治上的管理，另一方面又有利於同業間經驗、技術分享與傳承，以利生產質量的提升。這種「分業定居，教育四民，以圖國富民強」的觀念，成為中國最早有關教育訓練與生產力關聯性的論述。其後，魯國孔子（551-479 B.C.）提出「先庶而富後教」的思想[1]以及「智力創富」[2]的觀念，不僅闡明了人口、經濟與教育之間的相互關係，更進一步強調智力勞動對於社會財富的累積，尤勝體力勞動。當然孔子除了認為知識對國家社會具有正面貢獻外，對個人獲得較高收入，亦具有正面功能[3]。

到了春秋戰國之交，墨翟（468-376 B.C.）開始重視生產技術的傳遞，主張人的富貴貧賤取決於體力、知識與技能。其後，戰國時期的荀況（313-238 B.C.）認為人生而無貴賤之別，之所以有後天的貧富差異，乃因教育的力量所致[4]。此外，荀況也認為教育能培養出「善治」的人，這樣的人能因時、因地制宜，創造出極大的社會財富，使社會豐衣足食（張素蓉，2005：26）。而孟軻（372-298 B.C.）將教育與經濟以及人民物質生活連結起來，更進一步發揚孔子的「庶富教」思想。

---

[1] 詳見孔子遊歷衛國時與弟子冉有（522- ? B.C.）的對話（《論語》〈子路〉）。

[2] 詳可見《論語》〈子路〉樊遲請學稼。

[3] 詳見《論語》〈子張〉「學而優則仕」、《論語》〈衛靈公〉「學也，祿在其中矣」。

[4] 詳見《荀子》〈儒效篇〉。

中國先秦諸子咸認為透過教育可以啟迪智力，進而提升生產技術，創造社會財富的累績，促成國家進步。惟這些對於人力資本的討論，多停留在觀念性的論述，並沒有具體做法。直到明末清初時的顏元（1635-1704）才開始有了稍具系統的教育經濟架構。顏元認為教育與經濟兩者相輔相成，教育提高生產力，促使經濟發展。當社會經濟水準提高，又可為教育發展提供堅實的物質後盾。因此，他承繼孔子「富而後教」的觀點，主張當政者必須減除雜役稅捐，使民得以休養生息而後富足，繼之大興學校以舉人才。此外，顏元亦主張專門人才的教育。他認為人學得一技之長、一專之能，即能用以福國利民之事。因此在其主持的漳南書院中，以「實事」、「實物」為教育內容，設文事、武備、經史、藝能四科。在教學方法上，則採「習行」、「習動」為主的課程。顏元從論述教育、經濟與政治的關係，到其人才培養的舉措，無不以經世濟民為核心。他的教育經濟思想可以說是近代中國較為完整的，也可說是中國古典人力資本觀念的集大成。

二、古代西方人力資本概念的初啼

相對於古代中國，西方教育經濟思想是比較貧乏的。這是由於在奴隸社會裡，儘管古希臘的經濟、文化、教育、科學、體育、藝術等相當繁榮，但壟斷知識的奴隸主階級把從事科學和生產看作分屬兩個階級的根本對立的兩部分。這種頑固的認識偏見，阻礙了人們對教育經濟意識的認識。到了封建社會，由於教會勢力的擴大，宗教神學統治了學校教育科學思想受到壓抑，科學活動受到禁止，故教育經濟思想與其他科學思想一樣被壓抑了（張素蓉，2005：31）。因此儘管有如古希臘柏拉圖、亞里斯多德等諸賢，古代西方人力資本觀念並沒有獲得很好的開展。

畢達哥拉斯（Pythagoras, 580-500 B.C.）所創立的愛智生活方式，是畢氏教育思想的本質。他把哲學及愛智慧本身理解為一種生活方式，而且是比那種追逐名利更好的生活方式或生活道路。這頗類似孔子「以學求富」的思想（惠聖、黃育云，2006：9）。其後，柏拉圖在《智術大師》一書中，連結了知識、教育與生產的關係。而亞里斯多德承襲柏拉圖的思想，認為教育應由國家負責，因為國家的興衰有賴較佳的國民素質。

　　無論中西方儘管早先已對教育與經濟以及國家發展的關係有了淺薄的意識，但由於當時生產力與技術水準並不發達，尚未充分了解到教育對經濟與社會發展的意義，因此還不具有架構性的人力資本思想體系。但可以肯定的是，早在幾千年以前，人們已覺察到國家發展本諸於人智，開發人智、創造民富則是國家的天職。因此從「人」的經濟價值來看，古人已有人為國本的察覺。

表1　古代中西方對於「人」資本觀念萌芽之代表人物及其思想

代表人物	地點	所處年代	思想大要
管仲	中國	725-645 B.C.	分業定居、教育四民以謀國富民強。
畢達哥拉斯	歐洲	580-500 B.C.	主張愛智的生活方式。即類似中國孔子的「以學求富」思想。
孔子	中國	551-479 B.C.	知識可為個人創造較佳的生活待遇；人口、財富、教育是立國的三大要素。
墨翟	中國	468-376 B.C.	提高生產必須施之以教。
柏拉圖	歐洲	427-347 B.C.	知識在生產中具有一定的作用。
亞里斯多德	歐洲	384-322 B.C.	國家興衰與教育關係密不可分；教育是國家的所應擔負的責任。
孟軻	中國	372-298 B.C.	詳盡連結及闡釋教育與經濟間的關係。
荀況	中國	313-238 B.C.	教育能創造個人及社會財富。
顏元	中國	1635-1704	強調學校教育與經濟社會的連結性，故應重視專門技術人才的培養。

資料來源：本研究。

參、「知識性工具人」的近代人力思想啟蒙

　　工業革命（industrial revolution）以後，機械力取代人力與獸力，生產力大幅度提升，於是經由工廠大量生產產品，便成為當時財富累積的不二法

門。因此握有土地、勞動與資本，即掌握財富。在此時代背景下，約當同時所形成的古典經濟學（classical economics）理論，順理成章的將土地、勞動與資本視為是從事生產必要的三大要素。在多數古典經濟學家的觀念中，認為「勞動」這種生產要素是沒有差別的、是具同質性（homogeneity）的。因為古典經濟學家所指的「勞動」，是人的體力貢獻，它是不待學而得的，是人與生俱來的。因此人並不是可以成為被投資的標的。之所以多數古典經濟學家否定人力資本的觀點，主要是基於傳統道德觀念。因為若是將人視為資本，無異否定了人的尊嚴與價值（蓋浙生，1999：74-75）。再者，若是將人視為是一種財富，可藉由投資而擴大其產出，無疑的是將人貶抑等同物質般可進行交易的財產，這將為奴役或販賣人口提供最佳藉辭。因此，像是古典經濟學家彌爾（John Stuart Mill, 1806-1873）等雖然承認人的知識、技藝和能力是屬於資本，但他還是以為一國的人民不應被視為財富看待，因為財富只是為了人民才存在的（林富松，1983：57）。

一、古典經濟學家「以人為生產工具」觀點

當然，並非所有古典經濟學家都抱持同樣的看法。像是英國威廉配第（William Petty, 1623-1687）最早提出勞動價值論的一些基本觀點，並且採用「生產成本法」對人的經濟價值進行估算；他在《政治算數》（*Political Arithmetic*）和《愛爾蘭的政治解剖》（*The Political Anatomy of Ireland*, 1672）等著作中認為技藝為與土地、勞動與資本並列的第四種生產要素，具備技藝的勞動可以創造更多的產出。因此透過教育訓練使人的勞動生產能力產生差別。不僅如此，他還運用統計資料，計算出教育成果的貨幣價值。據他推算，一個海員等於三個農民。因為海員一身兼具有士兵、工匠和商人的職業技能，而這種技能不經過長年而又痛苦的過程是學不會的（朱必祥，2005：2）。又如法國佛朗斯瓦魁奈（Francois Quesnay, 1694-1774）在《經濟表》（*Economic Table*）一書中指出：構成國家強大因素的是人，人本身就成為自己財富的第一個創造性因素，因此人的習慣、性格等對生產力狀況和經濟社會都十分重要的（劉志民，2007：37）。

　　威廉配第與佛朗斯瓦魁奈的貢獻，是將古人所主張的知識價值，再更進一步的闡釋。而亞當斯密（Adam Smith, 1723-1790）的《國富論》（The Wealth of Nations）則可說是最早對於教育經濟思想做有系統分析的著作。亞當斯密認為工人的技能增長是經濟成長的基本泉源。換句話說，人力資本係由社會成員所獲得有用的能力所組成，此等有用之能力係透過成員的教育與訓練而得，惟教育與訓練需要相當之成本或代價，成員付出成本接受教育以獲得某些技能，恰似他購買機器一般（黃建森，1985：46）。按照亞當斯密的說法，受過教育的人是一種高價的機器（Blaug, 1972: 2）。亞當斯密有關人的技能是屬於資本範疇的觀點，對於十九世紀經濟學家薩伊（Jean Baptiste Say, 1767-1832）等有關人力資本的觀念形成，影響甚巨。

　　法國的薩伊認為勞動的技能為影響收入的因素之一，即使是勞動的純體力，也不是與生俱來，而是經由父母親耗資培養的。人的能力可以視為是一種資本，這種資本必須耗費相當的代價與時間成本。

　　至於英國的李嘉圖（David Ricardo, 1772-1823）則認為教育、知識是增加財富的手段。有些國家擁有沃土卻無法擺脫貧困與饑饉，其中和人民缺乏教育有很大的關係。此外，他還認為複雜勞動所生產的價值遠超過簡單勞動所生產的價值，這對於往後人力資本投資研究，形成開端。

　　另外，德國經濟學家李斯特（Friedrich List, 1789-1846）與多數古典經濟學家對於「勞動」這種生產要素的看法是存在歧異的。他提出物質資本（physical capital）與精神資本（spiritual capital）之分的概念。他以為若是按照多數古典經濟學家的觀點推論下去「像牛頓（Sir Isaac Newton, 1643-1727）、瓦特（James Watt, 1736-1819）或克卜勒（Johannes Kepler, 1571-1630）這樣一種人的生產性，卻不及一匹馬、一頭驢或一頭拖重的牛」（惠聖、黃育云，2006：26）。而現代所享受的一切，就是過往人類諸多創造與發明累積下來的結果，這就是屬於精神資本的範疇。這個論點為當代人力資本理論的建立，產生相當大的啟發作用。

表2　古典經濟學下的人力資本觀念代表人物及其思想

代表人物	地點	所處年代	思想大要
威廉配第	英國	1623-1687	人的技藝與能力差異決定其生產力。
佛朗斯瓦魁奈	法國	1694-1774	構成國家強大因素的是人，人本身就成為自己財富的第一個創造者。
亞當斯密	英國	1723-1790	人的技能必須透過教育、訓練而來；勞動生產力的高低是教育、訓練的結果。
薩伊	法國	1767-1832	個人技能是決定收入的因素之一。
李嘉圖	英國	1772-1823	教育、知識是增加財富的手段。
李斯特	德國	1789-1846	「勞動」是具異質性（heterogeneous）的生產要素。

資料來源：本研究。

二、古典經濟學家對「人力」的認識

　　儘管古典經濟學家對於人是不是可以成為被投資的對象看法分歧，但如威廉配第以降的諸學者，已經發現「人」的經濟價值以及對人投資的重要性。當然，這種對人投資的觀點，對於往後教育機會均等的觀念也產生了鼓舞的作用。因為當時有些學者察覺到社會經濟地位懸殊的原因之一，和人是否接受過教育以及所學習內容或技藝的難易程度有關。甚至基於這樣的認識，到了十九世紀，有志之士已開始鼓吹全民教育、消弭教育機會不均等以及增加教育投資，從而縮小貧富差異。

　　古典經濟學家將人視為是生產工具的一部分，可謂近代人力資本觀念的起點。總和古典經濟學家對於人力資本的認識，大略可歸納如下六點：

（一）技能與職業專長的學習是一種投資

　　人的知識、技能和健康等質量素質因素的形成和維持均需要花費金錢、時間和勞動，這方面的支出不只是消費，實際上也是一種投資（朱必祥，2005：9）。例如亞當斯密在《國富論》中指出，對於需要從事特殊技能職業的人而言，勢必耗費許多勞動與時間以取得相對應的教育。

（二）投資必須耗費成本，當中也包含機會成本（opportunity cost）

　　人在獲取知識、技能和健康的支出時，勢必放棄眼前的消費。換言之，人力資本投資的重要形式是消費。例如李斯特認為為了獲得文化、技能和聯合生產力，國家必須犧牲和放棄一定的物質財富，為了保證將來的利益，必須犧牲一些眼前的利益（朱必祥，2005：10）。

（三）經過學習投資後的人其所得水準較未經投資的人為高

　　古典經濟學者普遍認為經過學習後的勞動，其所得水準應該會比未經學習的勞動為高。這主要是因為學習是一種投資，也是一種成本。而投資的過程中，有產生風險的可能性，因而必須對這樣的投資加以補償。再者，經過投資以後的人相較於純體力勞動，具有更高的生產效率，因此必須給予獎賞。亞當斯密在《國富論》就認為耗費勞動與時間來獲得特殊技能職業的人，其所得就必須高於普通工人，以補償他的教育成本，或至少應該獲得與其等價值資本的利潤。

（四）承認人力資本的重要性

　　古典經濟學家認為透過人力資本投資，可以創造生產力，提高生產效率，進而增加個人收入，充實國民財富。甚至認為人力資本的重要性，猶勝於物質資本。例如西尼爾（Nassau William Senior, 1790-1864）曾指出當時英國國家歲收絕大多數來自利潤，這些利潤中，僅不到三分之一是產生於物質資本。而李斯特在《國家政治經濟體系》更以同樣條件的兩個家庭，採取不同生產型態的例子，來主張對人的投資是可以創造生產力的[5]。

（五）人力資本具有稀少性

　　古典經濟學家認為，人力資本與物質資本同樣具有稀少性（scarcity）。西尼爾就曾指出人力資本這種財富的供應是有限的（朱必祥，2005：11）。

---

[5] 李斯特在《國家政治經濟體系》中假設兩個家庭擁有同等質量的土地與五個兒子，並且每年有 1,000 英鎊的收入。其中一個家庭將所有收入存入銀行，並且五個兒子全數投入家中土地的生產。另一個家庭則將收入用於五個兒子的教育。短期來看後者收入遜於前者，但長期來看則不然。因為前者生產的是「交換價值」，後者生產的是「生產力」。亦即物質生產的是交換價值，而人力資本投資則是生產生產力。

（六）人力資本與物質資本仍存有差異性

　　儘管如西尼爾等經濟學家擴大將健康、體能與知識技能並列為出自人的資本，但古典經濟學家仍然承認人力資本與物質資本具有顯著的差異。例如知識、技能與健康是附隨於人的，它是無法如物質資本一樣可以進行交易的。又如人有生命週期，不同階段生命週期的資本價值也有所不同。再者，人力資本的形成必須經由投資，而消費是人力投資的必要樣態。這種投資，不僅投資期長，風險也大。而一國人口的多寡，也影響著人力資本的存量。凡此種種，皆可得知人力資本與物質資本是存有諸多差異的。

肆、教育創造「知識性工具人」的人力資本概念形成

　　十九世紀末，承襲古典經濟學家立論基礎並以主觀心理所延伸的邊際效用（marginal utility）與邊際成本（marginal cost）[6] 來分析經濟運行機制，形成新古典經濟學（neoclassical economics）。新古典經濟學主要以瓦爾拉斯（Marie Esprit Leon Walras, 1834-1910）為代表的洛桑學派、門格爾（Karl Menger, 1840-1921）為代表的奧地利學派、以及馬歇爾（Alfred Marshall, 1842-1924）為代表的劍橋學派為其發展的三大主軸。儘管新古典經濟學家中也有如奧地利的龐巴維克（Eugen Bohm-Bawerk, 1851-1914）極力反對使用人力資本概念與方法的經濟學家，但也有如瓦爾拉斯等開始正式採用「人力資本」的字眼，來論述資本與生產關係的議題。而馬歇爾的人力資本理論，可以說是人力資本觀念的躍進。

　　1890 年馬歇爾綜合各家學說撰著《經濟學原理》。《經濟學原理》建構了新古典經濟學理論的體系，不但成為新古典經濟學的經典著作，並且支配往後近半世紀西方經濟學發展的基本方向。因此，馬歇爾的人力資本觀念，也影響了當代人力資本理論的發展。在《經濟學原理》中，他特別強調教育對經濟的發展。他認為生產要素中，除了土地、勞動與資本外，應該再加上教

6　邊際效用是指個體增加消費單位商品中所獲得的總效用變量（Lieberman and Hall, 2010: 154）。邊際成本是總成本增量與產出增量的比值（Lieberman and Hall, 2010: 201），如以數學式表示，即 MC = ΔTC/ΔQ。

育。他曾說：「資本大部分是由知識……構成的……知識是我們最有力的生產動力」；它使我們能夠征服自然，並迫使自然滿足我們的慾望。這種知識依附於人身，表現為人的經營能力、專門技能、進取精神等，這一切都在人身之內，屬於個人，稱為「內在的財貨」（范先佐，2008：14）。而這種內在財貨沒有辦法經由交易而直接移轉的論述，一直影響到當代對人力資本特徵的描述。

再者，馬歇爾認為企業經營者，必須具備經營管理能力。這些能力包括處理問題的分析、決斷、毅力、心細等品質，此即當今所指稱的企業家精神。通常企業規模愈大，這些能力的要求也愈高。因此必須經由學校教育以及非學校的訓練來提高工人的智能。準此，他提出了以教育做為國家投資的觀點，因為他以為在所有資本中，最有價值的就是對人投資所形成的資本。馬歇爾將「人」視為「資本」的思想，對往後人力資本理論的形成，具有相當重要的影響。

表 3　新古典經濟學下的人力資本觀念代表人物及其貢獻

代表人物	地點	所處年代	思想與貢獻
瓦爾拉斯	法國	1834-1910	最早使用「人力資本」一詞論述資本與生產等經濟問題。
馬歇爾	英國	1842-1924	將教育與土地、勞動、資本並列為生產函數中的投入要素；「人」是「資本」，而人力資本是內在財貨，無法藉交易移轉；教育係國家發展中的重要投資途徑。

資料來源：本研究。

伍、「教育創資本」的當代人力資本理論建構成形

無論是亞當斯密所主張的「技能資本」或是馬歇爾所主張的「人力資本」，都不可避免的與知識、教育相互連結，但古典與新古典經濟學對於人力資本與知識、教育關係的立論，都還是僅限於推論性的陳述，缺乏實證性的數值分析支持。直至 1924 年前蘇聯經濟學家司札米林（Stanislav Gustavovich

Strumilin, 1877-1974）採用嚴謹的成本效益分析（cost-benefit analysis）法，估算前蘇聯教育投資對國民收入的貢獻與收益率，人力資本的討論不但獲得實證的支持，在研究方面也邁向新的里程碑。

一、當代前期的人力資本研究

司札米林的研究，主要在討論勞動者的年齡、工齡與教育程度對生產發展與經濟增長的作用與影響。根據司札米林的研究，教育程度與勞動生產力具有正相關（positive correlation），且教育對生產力的影響作用遠超過年齡與工齡。換句話說，從他的數理分析證實了教育對國民經濟的影響。雖然司扎米林的研究在當時並未獲得廣大的回響，但他的研究方法卻為往後人力投資與教育經濟研究所普遍引用。

約當司札米林同時，美國經濟學家沃爾許（John Ray Walsh）採用現值法（present value）[7]分析個人教育投資與產出結果的關係。他以不同教育程度支付的費用與受教育後因而提高的所得進行比較，除了考慮到死亡率、就業率等因素外，再用一定的利率把退休年齡以前的各年收入者算成現值後加總，以此算出各級學校及各種專業的淨收益，其收益大小雖然不同，但收入的現值都超過了所花費用的現值，從而證明了教育上的投資符合一般的資本投資性質（范先佐，2008：16）。

二、二戰以後的人力資本討論

雖然二十世紀前期有司札米林與沃爾許以數理分析模式探討教育投資對國家社會以及個人收益的貢獻，但人力投資的數理分析研究直到二次大戰以後才開始大放異彩。這主要與戰時因資源分配需要而發展出來的計量方法（quantitative method），在戰後被運用於社會科學研究有關外，戰爭破壞帶來戰後復甦的契機，全球社會進入相對穩定的狀態，經濟開始顯著的成長，進而也帶動對人力資本問題的探索。

---

[7] 現值意指金錢在目前的價值（陳隆麒，1999：44）。沃爾許所運用的研究方法，即財務管理上的折算現金流量技術（discounted cash flow technique）。

在 1950 年代全球致力於戰後重建時，多數西方經濟學者仍擺脫不了土地、勞動與資本是為經濟成長優先條件的根深蒂固觀念。然而這種觀念，卻在二戰戰敗國德國、日本迅速振興後，受到挑戰。因為依照這些經濟學家的觀念，德、日在戰爭中經濟受到嚴重的破壞，在缺乏「資源」的狀態下，應該無法在短時間內恢復經濟發展，但德、日等國不僅迅速復甦經濟，且進入高速發展國家之列。而另一方面，一些直接獲得美國經濟援助的國家，在獲取豐厚的「資源」下，經濟成長卻相當緩慢。這個無法解釋的結果，最主要是在當時儘管有些學者承認教育對經濟發展有其重要性，但大多還是視教育為一項外生變數（exogenous variable）[8]。直至經濟發展理論（economics development theory）興起後，大量運用生產函數解釋經濟成長時，發現產出與投入之間的不對稱現象。此一不對稱來自理論投入數量的產出結果，往往低於現實的產出結果甚多。這個差距發生的原因有二：第一，是由於經濟知識的不足；第二，是由於生產技術進步的結果。由於知識的不足，在我們所觀察到的生產因素便可能遺漏了一些未被察覺到的所謂殘餘因素（residual factors）（吳忠吉，1975：103），這些殘餘因素當中有絕大部分來自人力資本。因此，50 年代後期閔沙（Jacob Mincer, 1922-2006）發表了《個人收入分配研究》（*A Study of Personal Income*）與〈人力資本投資與個人收入分配〉（Investment in Human Capital and Personal Income Distribution）說明了人力資本投資的在經濟上的價值。之後，1960 年美國經濟學家舒爾茲（Theodore William Schultz, 1902-1998）在研究農業經濟問題時，發現提高農業生產率必須仰賴知識與技術，並且發表〈人力資本投資〉（Investment in Human Capital），建立了人力資本理論。而舒爾茲更進一步以成本估量法計算透過教育進行人力資本投資可為經濟帶來多少貢獻。他以美國 1900 至 1957 年間為研究對象，發現美國國民所得的增加總額中，約 33% 是來自教育投資。

---

[8]　外生變數又稱為「預定變數」。這種變數之值不是由經濟模型中的變數所決定的，但它在內生變數之值的決定中具有影響作用。因此，外生變數是個解釋變數（也就是說，出現在方程式的右方），但在模型中從不以應變數之型態出現。外生變數可以是內生變數的滯後值（簡貞玉等譯，2005：272）。

此外，美國經濟學家丹尼森（Edward Fulton Denison, 1915-1992）另以勞動人數估量法估算 1909 至 1929 年間教育對美國經濟成長的貢獻大約為 12%，1929 至 1957 年間則為 23%。丹尼森更進一步分析 1929 至 1957 年間美國經濟成長的主要原因包括：第一，更多勞動力的投入，第二，教育的發展，第三，技術水準的提升，第四，資本的增加，這些因素占美國經濟成長主因的比重分別約為 36%、23%、20%、15%，而第二項與第三項與人力資本投資有關的合計就占了 43%。另外還有克魯格（Anne Osborn Krueger, 1934-）在 1968 年時以生產函數直接估量法進行教育投資研究。她認為從人力資源的觀點，影響一國國民所得的因素包括：年齡結構、教育水準、人民在都市與鄉村的比率。根據克魯格的估算，即使當時的臺灣與美國每人擁有一樣的土地、資本與其他資源，但上述三個因素的落後，我國的每人國民所得將只可能達到美國每人所得的 48.5%，同樣的情形，韓國只能達到美國的 44.3%，而日本則可達到 93.2%，此乃表示日本所得低於美國，不在於人力及教育投資有關的這些因素，而在於土地、資本及自然資源的不足（林富松，1983：61）。這些經濟學家由於假定立場不同，設算人力投資經濟價值的模型，必然有所差別。對於不同立場的研究模型，難免提出挑戰。但儘管當時如丹尼森的估算方法受到一些批判，例如舒爾茲認為經濟成長中有一大部分的貢獻是來自非人力資本（Shultz, 1971: 136），但可以肯定的是這些經濟學家運用了科學性的分析方式，證實了人力資本確實是促使經濟成長的重要因素。而人力資本的形成，教育投資又為重要的途徑。

二次大戰以後對人力資本問題的探索，形成了人力資本的理論。人力資本理論，強調促成國家經濟發展與重視教育投資以開發人智有相當大的關係，而人力資本理論的建構，更為當今教育經濟學（education economics）的產生提供了理論依據。

表4　當代人力資本觀念的代表人物及其貢獻

代表人物	國別	時間	研究貢獻
司札米林	前蘇聯	1924	發表〈國民教育的經濟意義〉分析勞動者年齡、工齡和教育程度的關係。其研究方法為往後人力投資與教育經濟研究所廣泛引用。
沃爾許	美國	1935	發表〈人力資本觀〉運用現值法分析個人教育投資與產出結果的關係，證明教育上的一切投資符合一般資本投資性質。
閔沙	美國	1957、1958	分別發表了《個人收入分配研究》與〈人力資本投資與個人收入分配〉分析教育的人力資本投資價值。
舒爾茲	美國	1961	發表〈人力資本投資〉建立人力資本理論，並成為往後教育經濟學的理論基礎。並以成本估量法估算1900至1957年間教育投資對美國經濟成長的貢獻。
丹尼森	美國	1967	發表〈美國經濟增長的因素和我們的選擇〉，並採用勞動人數估量法分別估算1909至1957年間教育投資對美國經濟成長的貢獻。

資料來源：本研究。

三、對人力資本觀念的反省

　　以經濟學家所展開的人力投資理論，發展至1970年代已具顯著成果，他們承認教育投資不僅對個人所得有所助益，在經濟發展的過程中，亦扮演相當重要的角色。此時教育學家也開始關注此議題，並且擺脫經濟學家框架，採用不同的研究方法與分析途徑，探索教育與經濟的關係，形成教育經濟學。

　　1970年代以後的人力資本理論發展已逐漸被教育經濟學所取代，甚至因為後繼研究者的觀點不同，而對人力資本理論有諸多的批判。例如篩選理論（the screening theory）學派認為教育僅具提供訊息的作用。因為在勞動市場上，雇主無法充分了解求職者的能力，因此雇主必須透過一些訊息，來了解

求職者的能力是否與所開出的職缺相稱。而提供雇主最直接的訊息，就是從求職者接受教育的年限來看。因為投資教育時間愈長者，通常表示其智能較高。換句話說，篩選理論認為教育投資的目的就是篩選，經由篩選機制來決定個人所得的高下。所得的高低，並不是像人力資本理論所主張個人可以透過教育投資使其生產力躍進，進而多得報酬。此外，社會化理論（socialization theory）學派也不認同人力資本理論。社會化理論學派認為大部分工作只需要程度很低的知識技能，工人工作的表現好壞主要在於工人本身非知識性的個性特徵，而教育是培養這些特徵的重要手段（劉志民，2007：49）。換句話說，社會化理論認為人力資本理論主張個人經由教育獲取知識技能進而提高生產力的觀點是錯誤的。而勞動市場劃分理論（the segmented labor market theory）學派也對人力資本理論提出批評。勞動市場劃分理論認為人力資本理論沒有考慮到在不同類型的勞動市場中，教育與工資的關係也有所不同。

　　儘管 70 年代教育經濟學出現以後各學派對人力資本觀點批判紛起，但這些學派的說法，也不盡然完全沒有缺陷。像是篩選理論學派過度強調教育的篩選作用，否定教育投資影響人智技能，進而提高生產力；社會化理論在強調教育與經濟存在相對應關係的同時，卻忽略了教育的相對獨立性以及與經濟生活相矛盾的一面，因而，他對教育在整個社會經濟發展中所引起作用的論述帶有片面性（劉志民，2007：49）；勞動市場劃分理論則是對教育與經濟關係的論述不夠全面性。因此，即使今天的教育經濟學已形成具有完整體系架構的學科，但我們不得不承認：教育經濟學的出現，還是奠基於前人對人力投資觀念研究的成果。

陸、結語

　　現代經濟社會的發展與成長，除了掌握資源條件外，更重要的是如何有效且適切的運用與配置。而現代觀點的資源條件掌握與運用，不只是著重在自然資源，更重要的是人力資源。事實上無論中西，對於人才、人力的觀念察覺甚早。從中國古代的政治家管仲、教育家孔子、軍事學家與哲學家墨翟，到歐洲的數學家與哲學家畢達格拉斯、哲學家柏拉圖等都相信人才與國

家興衰有著密不可分的關係。中西先哲對於「人」這種資材的解讀，咸有「人為國之本」的觀念，但基於人性尊嚴，始終沒有把人「具體的」當成是資源看待。直到近代歐洲工業革命以後，威廉配第、佛朗斯瓦魁奈、亞當斯密等古典經濟學家將人與生產關係加以連結，並且也開啟了經濟學家掌握對人才觀點的話語權。古典經濟學家認為人是生產的工具，這種生產的工具必須挾其健康、體力、知識與技藝來創造財富，當民富則國強。亦即古典經濟學家是站在古代來自不同學術理論基礎所詮釋的人為國本觀點，再以經濟學的角度詮釋「人」這種生產工具的意義。到了十九世紀後期的瓦爾拉斯、馬歇爾這些新古典經濟學家又更進一步的認為「人」這種生產工具，必須經由教育訓練等投資才能成為資本；這種經過投資以後的人，才是對國家發展中最有價值的資本。換句話說，新古典經濟學家將教育視為是創造「人」成為資本的手段，強調教育在經濟發展上的作用。二十世紀以後至 1970 年代間經濟學家司札米林、舒爾茲、丹尼森等更以數理分析方式，證實教育投資不僅能使民富，亦是國強的根基，據此架構起當代的人力資本理論。

　　1970 年代以後，教育學家也開始關注教育與經濟間的關係，人力資本理論成為教育經濟學形成的先聲。儘管教育經濟學的出現，人才觀點的話語權不再由經濟學家一枝獨秀，但是中西古聖先賢「人才為國之本」的看法，古典經濟學家詮釋人為生產工具，乃至後繼經濟學家以論述性或實證性研究強調教育對國家發展的重要，為建立人力資本理論提出貢獻，這正說明著：任何一種學說思潮或理論發展都是在時代推演下，集合不同世代先賢所累積的成果。

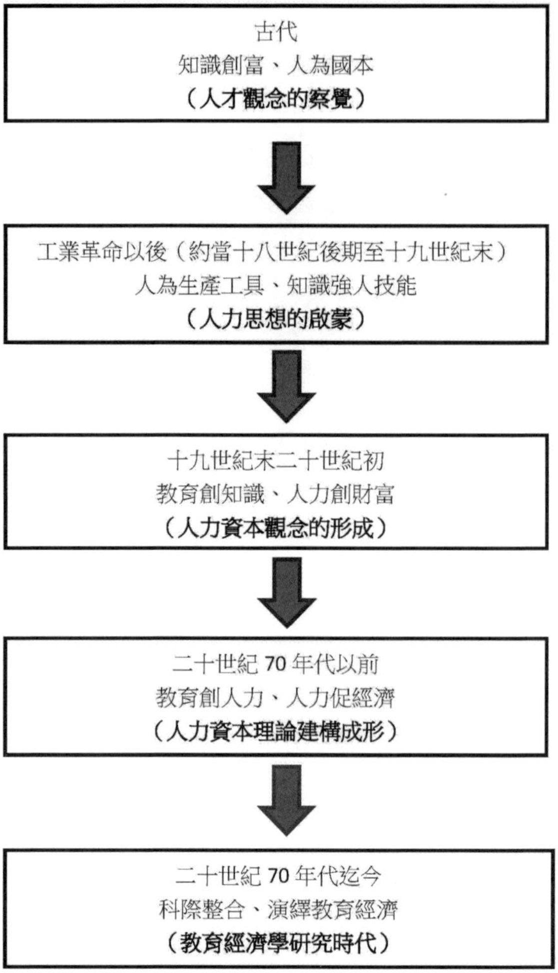

古代
知識創富、人為國本
（人才觀念的察覺）

工業革命以後（約當十八世紀後期至十九世紀末）
人為生產工具、知識強人技能
（人力思想的啟蒙）

十九世紀末二十世紀初
教育創知識、人力創財富
（人力資本觀念的形成）

二十世紀 70 年代以前
教育創人力、人力促經濟
（人力資本理論建構成形）

二十世紀 70 年代迄今
科際整合、演繹教育經濟
（教育經濟學研究時代）

資料來源：本研究。

圖 1　人力投資思潮演進

參考書目

外文文獻

Blaug, M. (1972). *An Introduction to the Economics of Education*. Middlesex: Penguin Books.

Lieberman, M. and Hall, R. E. (2010). *Principles & Applications of Economics*. Boston: Cengage Learning.

Parkin, M. (2012). *Economics*. Harlow: Pearson Education Limited.

Schultz, T. W. (1971). *Investment in Human Capietal: The Role of Education and of Research*. New York: The Free Press.

中文文獻

皮爾斯（Pearce, D. W.）、凱恩斯（Cairns, J.）、艾利奧特（Elliott, R.）、麥卡溫奇（McAvinchey, I.）、蕭（Shaw, R.）（2005），**現代經濟學辭典**（*Macmillan Dictionary of Modern Economics*, 4th ed.）（簡貞玉、宋承先、壽進文、唐俊雄、唐振彬、章雷譯）。臺北：五南。（原著出版年：1992）

朱必祥（2005），**人力資本理論與方法**。北京：中國經濟。

吳忠吉（1975），教育投資的衡量方法。**臺大社會科學論叢**，23，103-121。

林富松（1983），人力投資文獻評述。**臺北市銀月刊**，14（7），57-70。

范先佐（2008），**教育經濟學**。北京：中國人民大學。

張素蓉（2005），**教育經濟學原理**。成都：天地。

陳隆麒（1999）。**當代財務管理**。臺北：華泰。

惠聖、黃育云（2006）。**教育經濟學專題研究：教育經濟的協調與經濟管理**。長春：吉林人民。

黃建森（1985），教育與人力發展之經濟分析。**臺北市銀月刊**，16（2），46-53。

蓋浙生（1999），**教育經濟與計畫**。臺北：五南。

劉志民（2007），**教育經濟學**。北京：北京大學。

薩孟武（1966），**中國社會政治史**（第一冊）。臺北：三民。

凝視西蒙波娃《第二性》：探究臺灣未來性別問題

陳宜亨

健行科技大學通識教育中心兼任助理教授

摘要

　　為什麼童話故事中，英勇的總是王子？為什麼美女警察助人會變成搜尋引擎的前幾名？性別平等的觀念不斷被倡導的今日，在我們隱性潛意識下，性別依舊傳統，這是被塑造的觀念。從哪裡來？如何改變？

　　西蒙波娃在《第二性》一書中提到：「我們非天生為女人，而是被逐漸塑造而成的。」一語道出性別中的問題，至今仍不斷被引用。將西蒙波娃《第二性》的概念移轉至臺灣社會看性別問題，時空上、文化上有些許的隔閡，這是典範轉移過程中必須要克服的一部分。然而，就性別問題來說，真正重要的是「被塑造」這個核心。故，本研究將透過西蒙波娃的《第二性》來爬梳臺灣目前性別問題，特別是多元性別平等的爭議，同時援引美國在多元性別權益賦權的歷程，冀希提供臺灣未來處理多元性別賦權論述基礎與解決途徑。

關鍵詞：西蒙波娃、第二性、多元性別、平等

壹、前言──重現西蒙波娃的《第二性》[1]

One is not born, but rather becomes, a woman.

── Simone de Beauvoir

　　為什麼童話故事中，英勇的總是王子？為什麼美女警察助人會變成搜尋引擎的前幾名？公領域中女性表現傑出，被關注的不是個人能力而是「性別」；而愛上同性別的人會被視為違反自然？性別平等不斷被倡導的今日，在我們隱性潛意識下，性別觀念依舊傳統，這些觀念由何而來？

　　事實上，這些在你我身邊都可能發生過的事情，是透過社會不斷積累所建構出的人類行為，特別是「性別」應該要有的適當行為，傳遞這些觀念的途徑不僅僅來自立法機關，更多的是來自父母、學校、大眾媒體等。男女，不是一種與生俱來的狀態，而是外在因素積極建構出來的一種轉變過程。如同西蒙波娃（Simone de Beauvoir），以她在《第二性》中：「一個人不是生為女人，而是變成女人」闡明性別的問題，不單對於女性，也說明男性「必須」具有陽剛特質的現象。西蒙波娃的《第二性》中進一步提到，性別角色的轉變過程有許多不同途徑，存在許多衝突與模糊地帶，無法將男性或女性視為一種被自然固定的狀態，卻也無法簡化的認定性別完全由社會規範或者權威壓力的外在因素形塑而成。

　　臺灣在《性平三法》[2]的公布與實施下，讓臺灣在 2014 年聯合國「性別不平等指數」（Gender Inequality Index, GII）排名第五，顯示臺灣在落實性別平等已獲國際肯定。理論上，一系列性別平等的立法確實使臺灣的性別平等逐步落實；然而，現實生活中，依舊可以看到性別不平等的事件發生。立法的保障是否真的達成性別平等？要在生活中具體達到性別平等所要挑戰的又有哪些高牆？這是否如同西蒙波娃在《第二性》一書中所探討的建構出男女性別角色的成因是複雜與多重的？

---

[1]　邱瑞鑾譯（2013），西蒙・德・波娃著，《第二性》，臺北：貓頭鷹。

[2]　《性平三法》，分別為性別工作平等法、性別平等教育法、性騷擾防治法。

　　將西蒙波娃《第二性》的概念移轉至臺灣社會看性別問題，在時空上、文化上有些許的隔閡，這些是典範轉移過程中必須要克服的一部分。目前，臺灣對於性別的用語可以看出從「兩性」到「性別」的用語，其背後所隱含的意義在於已經意識到「性別」不只有「傳統性別」（男、女），而是出現「多元性別」的認同觀念。西蒙波娃的著作《第二性》讓女性主義受到更大幅度的關注，提供女性爭取平等論述的基礎。儘管《第二性》寫作的歷史時空與現今的時空背景不盡相同，《第二性》中的第一卷「事實與迷思[3]」與第二卷「實際經歷[4]」分別切中性別爭議的核心，生物性別、社會性別，以及性別流動的觀點。透過典範轉移，冀希取徑《第二性》的觀念爬梳臺灣的多元性別問題，同時借鏡美國處理同性權益爭議的經驗，提供臺灣處理同性權利爭議的論述基礎與參考途徑。

貳、性別歧視──性別平等的開展

　　性別平等，對於人類而言應是一件再自然不過的事情。但實際上，男女之間的權利卻是歷經許多倡議運動才獲得的「平等」。平等，是權力分配的問題，性別也是權力問題，特別是男性優越與女性從屬問題（Mackinnon, 1987: 32, 40）。過去，在性別觀念上出現不平等的歧異，主要源自生物性別的觀點。生物性別的觀點延伸至家務角色的分配、職場、就學等方面的性別刻板印象。西蒙波娃在《第二性》中的論述中，看到女性是屬於「他者」，而女性身為「他者」是依附男性主體而生，以男性為主軸去定義他者，這個「他者」的觀念源自於女性「自然」特徵──哺乳。

　　然而，檢視性別差異爭議的過程中，除了生物觀點外，無法避免的要加入「社會」因素。社會對於性別問題的認知，大多強調二分法，主要是絕大多數的人接受生理上的男女分類（劉泗翰譯，Raewyn Connell 著，2011：28），

---

[3]　本文所參考的西蒙波娃《第二性》對於第一卷的翻譯為「事實與迷思」，其餘版本有翻譯成「事實與命運」。

[4]　本文所參考的西蒙波娃《第二性》對於第二卷的翻譯為「實際經歷」，其餘版本有翻譯成「當代女性」。

將性別定義建立在這種男女區分上，漸漸形成性別的差異。故，本節將就生物上的性別與社會上的性別分別論述。

一、生物上的性別

性別以英文來說，sex 代表生理上的性別，gender 則是說明男女之間依其生理上的區別而產生的文化差異。首先，就生物的性別而言，男女生理構造確實存在差異，這是無法否認的事實。《第二性》共有兩卷，第一卷主要探討的是「事實與迷思」，其核心議題為生物學上的性別。西蒙波娃在「生物學的基本論據」中說明了女性成為第二性的源頭是來自於不可逆的生物事實，女性因為生物上的構造，例如：賀爾蒙變化、子宮、月經，懷孕、生產、哺乳等無法避免的現象，這些事實是區別女性的關鍵。但，她也認為上述的生物事實不能成為將女性視為一個固定不變、不可避免的命運。並且指出它們不足以建立兩性之間的階級，不足以解釋為什麼女性是他者，不該將她的命運從此註定是這種次要的角色（邱瑞鑾譯，西蒙波娃著，2013：108-111）。在《第二性》中，女性被視為第二性的生物學論述中，舉例各種物種的雄性、雌性的功用，在提到哺乳類時說到：

> 生命繁殖的兩個作用完全被切分開：維持物種永存與創造新的個體生命，斷然分數雌雄兩種截然有別的性別。單單以脊椎動物來說，生命繁殖的兩個作用分別畫給了雌雄兩性，雌性親代和子代維持非常緊密的關係，雄性親代和子代的關係則越見淡薄；雌性整個生物機體都為生育效力，為它所支配，而在性活動上採取主動則是雄性獨享的權利。（邱瑞鑾譯，西蒙波娃著，2013：91）

另，

> 從生物學的角度來看，物種只有不斷創造新的個體生命才能讓物種永存。但是這種創造不過是同一個生命以不同的形式重複延續。在人類已存在超越了生命之時，依樣確保了生命的延續，這種超越並創造出各種價值，這些價值推翻了單純延續生命的價值……男人在延續物種的同時

還塑造了世界的面貌，他創造了新工具，他發明新技術，他打造未來。男人將自己立為支配者時，他發現女人支持他的立場……然而，女人的不幸在於，她的整個生物機能都是為了重複延續生命……（邱瑞鑾譯，西蒙波娃著，2013：147-48）

由上述的引文，可以窺視西蒙波娃在女性第二性的生物觀點，西蒙波娃非否定女性存在的自然特質，而是將自然對於性別是一種挑戰，女性不應該只滿足於生物上的特質，而要超越天生的形式。

二、社會上的性別

就性別角色而言，是指男女兩性在社會結構中具有特別的權利與義務的特定位置。性別是社會關係的一個環節，個人與群體都在這種關係中運作，性別因此被視為社會結構的一種（劉泗翰譯，Raewyn Connell 著，2011：29）。形成性別角色，非單一因素所建立而成的，不單是生理上的表現，也非僅指人類生活中固定的二分法，而是經由許多複雜成因交錯而成。性別是一種社會結構，是一種特殊的結構，因為性別牽涉到身體的一種特殊關係，這種關係來自我們對性別最常見的定義——兩性的自然差異，亦即男女生理上的不同。西蒙波娃《第二性》中明白指出「女人不是天生，而是變成女人」，何謂「變成」？又是什麼原因讓女性「變成」所謂的「第二性」？西蒙波娃主張「變成」女人不應該單純由生物或者以單就社會文化的因素來剖析，而是兩者同時建構出「變成」的因素。非傳統性別的同性戀者其所面臨的不平等問題，可以援引西蒙波娃對女性成為「第二性」的觀點。

西蒙波娃對於同性戀的觀點為：

當然，某些特殊的個例確是因生理上的條件造成的。男女兩性的生物基本特質並沒有很大的差異，相同的體細胞在各種不同的荷爾蒙影響下，雖然早已決定了未來是男或是女的基因型態，但胎兒的性向發育還是有可能轉變，以致某些個體可能或多或少傾向於男性或女性……（邱瑞鑾譯，西蒙波娃著，2013：677）

又，

> 事實上，女人之所以是同性戀，沒有哪個因素是具有決定性的：一個人的性取向始終涉及了在繁複的處境中、以自由意志所做的抉擇；在性方面天生所具的並不能主宰每個個體生命，而應該說，每個個體的情慾表現反映的是，她面對存在時所採取的整體立身態度。不過環境也會影響一個人成為同性戀。……（邱瑞鑾譯，西蒙波娃著，2013：696）

最後，

> 事實上，同性戀並不是性變態，也不是命中注定的厄運。它是「在某種處境下所做的抉擇」，也就是說這既是動機強烈的抉擇，又是自由的抉擇。無論是基於生理的、心理背景的，或是社會環境的因素……（邱瑞鑾譯，西蒙波娃著，2013：704）

上述引文說明西蒙波娃對於同性戀者的看法。

當「同性戀」這個名詞在 1869 年首度由匈牙利精神科醫生創造出後，開始運用在同性行為者身上。社會普遍對「同性戀」存在負面刻板印象，例如：認為同性戀是一種病態的行為（林正文，2002：522-34），主要在於異性戀者認為同性傾向者本身產生性別錯置的現象。

此外，還有不瞭解所產生的負面刻板印象。新世紀的來臨除了享受新科技所帶來的便利之外，同時也會面對許多未知的疾病，AIDS（Acquired Immune Deficiency Syndrome，或稱後天免疫缺乏症候群），在 1980 年代由美國通報全球 AIDS 感染的病例，自此，人類展開與 AIDS 的對抗；1995 年後雖因找到治療方法延緩死亡，卻依舊無法根治，直至今日科學家仍大量投入研究如何治癒 AIDS。

當 AIDS 病毒首次發現於同性戀者身上，西方社會文化將同性戀者與 AIDS 的傳染畫上等號，其主要將之歸屬於同性間的親密性行為氾濫、吸食毒品等因素，甚至認為同性戀者是一種瘟疫的起源，導致人們將同性戀者和 AIDS 產生道德上的恐慌（蔡宜臻、呂佩珍、梁蕙芳，2013：272）。西方社會

對同性戀者的偏見與刻板印象，導致一連串對同性戀者仇視與敵意的行為，進一步產生污名化擴散的現象（曾凡慈譯，Erving Goffman 著，2010：30），甚至已危及同性戀者個人人身安全。

臺灣對 AIDS 的接觸時間晚於西方國家，由於在 AIDS 的起源與傳染途徑的不瞭解，誤以為同性戀者即為 AIDS 的帶原者，故將同性行為視為不道德與犯罪。Yang（2007）將道德經驗納入華人社會中，可以看到污名化對華人而言，則事關「面子」問題。「面子」象徵華人在社會人際關係的脈絡，且與道德、家庭聲譽有關。在異性戀的主流社會價值下，同性戀者的「不同」與負面印象常被視為不道德，違背社會道德規範，使家人蒙羞，這種泛道德的貶抑與譴責，造成臺灣同性戀者社會地位邊緣化的情形。

在負面刻板印象之下，臺灣社會大眾多誤解 AIDS 傳染途徑，認為同性行為肇始 AIDS 人數增加，進而視同性行為是一種不道德的事情，致使同性戀者不見容於社會。在同性戀者被污名化之際，自然無法主張相關權利的保障，然而，同性戀群體確實存在臺灣社會中，並不意味不見容於社會即會消失，這與一般犯罪行為不同。這屬於一個人最基本的需求，及親密行為以及性傾向的選擇，只是同性戀者選擇的對象被主流社會價值所認為的「不同」，成為社會邊緣的一群，進而遭到法律長期的漠視。這與人權保障的觀念背道而馳，不符合保障少數群體權利的原則，同性行為無關乎道德，僅僅是選擇從事親密性行為的對象是同性。

由於「同性戀」被異性戀主流社會價值貼上「負面」標籤後，同性之間的愛、相互吸引與行為，則被認為是一種噁心與罪犯對同性戀者存在的是一種仇視與敵意（方佳俊譯，Nussbaum 著，2007：203-08），這使得許多同性戀者在發現自己的同性傾向後，在社會上的處境感到焦慮。一般社會大眾所認知的同性戀是一種行為，而非真正體現在社會價值與制度運行中「身分」的認同；一旦認同同性戀者的「身分」，那麼伴隨而來的將是授與權利與義務，臺灣大眾在長時期主流異性戀價值觀下，短時間要扭轉對同性戀者的負面印象確實有其困難。

綜觀上述生物、社會性別來說，西蒙波娃的著作中已然呈現性別不平等爭論的焦點，對照現今多元性別所面臨的現況，恰巧成為同性戀者遭遇不平等的立論基礎。生物、社會的因素相互建構，造成多數同性戀者處在以異性戀為主流的社會中，變成「第二性」的原因。

參、性別多樣性──性別多元

性別，具有流動性，是西蒙波娃《第二性》中另一個概念。不論是生物或者社會性別會隨時間而有所變動；此外，民主重視的多元價值反映在性別上，是包容多元性別。法律的通過與落實可以象徵社會對於人權保障的觀點與認知。在臺灣，法律改革大幅改變了女性在婚姻與家庭中的角色與地位，以父權為主的法律與社會觀念逐漸被兩性平等的法律與觀念所取代。法律制度上提供性別平等，家庭、婚姻不再成為女性的枷鎖。女性擺脫父權的主宰，可以自由選擇工作、婚姻、家庭，兩性邁向平等？進一步，《性平三法》的通過與實施，在用語上也由兩性改變為性別，民主價值多元的社會中，對於性別的認同與性別傾向，不再僅限於兩性。這是否象徵已經具體的達成性別平等？

一、平等原則

檢視現實生活中，是否如同婚姻、家庭法律提供兩性的平等，抑或是《性平三法》所揭示的保障多元性別？事實上，法律制度固然提供形式上的保障；然，實質的落實在生活中，卻仍存在看不見的不平等，對於傳統的兩性已經是如此，更遑論多元性別的平等。儘管，法制明確制定兩性的平等，運用在實際生活上卻非如此，女性在許多層面上仍受到不同的待遇，在生活中仍有許多看不見的偏見，這些來自於傳統倫理與社會價值。

以往，在論及兩性議題時，總無法跳脫「男有分，女有歸」的框架，這些觀念是透過各種外在因素所積累而成，卻也可以藉由外在各種不同的因素加以導正與扭轉，促進兩性逐漸縮短所謂的性別差異。對於性別僅限於傳統兩性的論述，時至今日，隨社會多元價值的呈現，在過去不曾或者不願意面

對的同性、跨性別等相關議題，逐漸在人權成為普世價值的民主社會裡受到關注。同性戀者與異性戀者無異，選擇展現同性之間的關係是出於自願的行為，不應該因為其性傾向而受到歧視。

人類天生的稟賦、身體、資質等條件不相同，也會因為這些不同，導致日後發展的差異，而有不公平的感受。因為天生的不平等所形成後來發展過程的不平等，非憲法平等保障原則所關心的主要議題；憲法上的平等，主要目的在消除「人為」的不平等，使每個人立於同一水平線上。以我國憲法平等保障，依據釋字第 485 號所揭示的標準：「憲法第 7 條平等原則並非指絕對、機械之形式上的平等，而係保障人民在法律上地位之實質平等，立法機關基於憲法之價值體系及立法目的，自得斟酌規範事物性質之差異而為合理之區別對待。」故，憲法的目的在保障人民法律上地位的實質平等，對人為的不平等，國家應予以取消。

理論上，現代平等思想主要在對應人為制度所產生的不平等，在民主法治下執政者如何賦予人民平等權利的保障，人無法改變自然狀態的不平等所出現的經濟、社會的不平等，這些本質上無法完全排除的不平等，國家的因應措施即為社會福利及社會安全保障機制，提供支援盡可能的彌合不平等。而在美國，平等保障原則適用在下列情況：種族隔離、性別之歧視、外國人、就業歧視。

另外，社會資源有限，人民期望國家可以幫助達到人人平等，國家可以公平的分配資源，卻忽略要達成平等分配的困難性，「搭便車[5]（Free Rider Problem）」讓國家陷入財政困境。國家保障的範圍僅在平等的出發點或立足點，不可能達成相等的結果；換言之，國家要排除破壞平等的因素，即差別、壓迫，使人人有平等競爭的權利。因為人在自然本質上的不平等，所以才必須用憲法、國家權力加以保障與規範，平等應有其適用的對象與範圍，不該毫無界限，若都要求全面性的平等，將引起國家的秩序、社會制度、社會資源分配的紊亂，故，有其運作的標準。

---

[5]　搭便車，是一種發生在公共財上的問題。指一些人需要某種公共財，但事先宣稱自己並無需要，在別人付出代價去取得後，他們就可不勞而獲的享受成果。

至於我國在平等權部分則是，憲法第 7 條中規定「中華民國國民，無分男女、宗教、種族、階級黨派，在法律上一律平等」。少數、弱勢、非主流群體，在平等權的論述中，有權要求「免於迫害」與「禁止歧視」，卻不再僅由個人基本權利保障的角度出發，而是主張國家社群應涵納包容各種不同多元群體、利益與價值；進一步促進「參與社群形塑過程」的價值，以期達到滿足集體與個人合法權利的需求（廖元豪，2009：370），少數群體的權利不應該成為多數的犧牲者，故，滿足多數的需求下，也應兼顧少數群體的權利訴求。

同性戀者權益在法律保障上真空的狀態，肇因於各種因素。故，在今日憲法保障少數群體權益的前提下，同性戀者應與異性戀者平等獲得應有的基本權利。

二、多元價值

Johnson（2001）指出：「每一個複雜的社會都會包含著廣闊的社會建構出來的眾多真實，但是卻由一些主導的群體代表全體，社會中的多樣真實和彼此間的差異被視而不見，即使這些多樣的真實受到了注意，也會認為是次等和低等的。我們要努力打破社會對家庭既有的框架，讓更多不同型態的家庭有被看見的機會。」臺灣社會變遷快速的情況下，原有的法律保障制度已無法符合社會多元化，尤以家庭組成的多元樣態，各種性傾向、族群、年齡、社會地位、宗教形成的家庭形式不勝枚舉。當然，這也包含同居不婚，以及未有親密關係的共同居住關係等等型態的組成，同性伴侶組成的同性家庭也是臺灣多元家庭樣態的一種。

臺灣已簽訂《公民與政治權利國際公約》及《經濟社會文化權利國際公約》下，不論是透過制度的賦與或者落實保障實質權益的內容，都應更積極。目前我國就同性戀者權利的具體法律保障除性別教育平等法之外，其他的法律條文僅流於形式的保障，具體的醫療、財產等福利的保障，在法律上呈現真空狀態。

《中華民國憲法增修條文》第 10 條具體說明國家應予以社會福利的保障。然而，許多條文所提供的是以家為單位、以異性為對象範圍的保障，適

用對象並未及於同性戀者或者同性伴侶。舉例來說，許多同性伴侶在面對醫療問題時，即感受到自己與異性伴侶的差異。就醫療法律層面上，《醫療法》第 63 與 64 條規定，除病人、法定代理人、配偶、親屬外，關係人亦可代病人簽署醫療之法律文件。而依照衛生署（衛福部前身）公報第 34 卷 5 號 53 頁之解釋，關係人係指「與病人有特別密切關係人，如同居人、摯友等。」也就是在醫療決策中，具備（非）同志身分之「同居人」或「配偶」，並不會因為其有無法定之婚姻關係，而接受到醫界不公平之對待。然，就醫療實務層面來說，在醫療第一線的人員會採取優先由具有血緣關係的親屬簽署同意書的做法，以避免產生不必要的醫療爭議。

自由民主的核心價值之一就是尊重少數以及包容差異。多元社會產生多元的價值觀，社會氛圍對於同性戀者非全然的友善態度，這與公眾和社會深層結構之間連結度相關。過去我們習以為常的慣例、現象，其所存在的固定印象，無法在短時間獲得扭轉，譬如，在異性戀的文化中，提及「性」通常指的是異性戀，並且排除掉其他對「性」的表達意義。

在賦予同性戀者權利爭議上，最先提及的論點是不道德、不自然，僅以單一理由論述反對同性權利合法化，非充分的理由，而導致另一種型態的歧視，特別是在多元化的社會中，更應包容「不同」且尊重他人的選擇。隨著各國社會價值的改變，相對歐洲在同性婚姻議題較為保守的美國來說，隨著聯邦最高法院在 2015 年同性婚姻合法的裁決。我國是否應該重新審視同性戀者在法律上的具體權益，不應該徒具法律形式。

目前我國就非婚伴侶及多元家庭的保障處於法律真空，已經違反公約。根據《公政公約》第 23 條第 1 項，明白表示締約國應保障每個人的家庭權與結婚權；而《公政公約》第 16 號、第 19 號一般性意見，明白肯認家庭的保障應納入各種非婚伴侶與多元家庭。再者，立法院曾提議透過建立「同性婚姻法」草案來保障同性伴侶的權益，卻遭到多數立法委員的反對，使法案無法通過。政治部門，不論是行政或是立法都沒有實質的同性權益保障制度的建立。

綜合上述，對於同性戀者爭取應有的權利，不論是繼承權、婚姻權或者其他的基本權利，這些皆屬憲法所賦予中華民國人民基本權利的保障範疇，不應以同性戀者少數性別傾向就予以剝奪原有的權利。自由民主社會中，應

同時兼顧多數與少數的權利，不應該因為不同就有不平等的待遇，尤有甚者更應保障包容不同與少數，亦是多元價值重要的內涵。

肆、性別的未來——性別平等終章？

性別平等，在二十一世紀無論在西方世界或者是亞洲都有豐碩的成果，這是否表示性別議題已經進入發展的終章？2015 年，美國聯邦最高法院裁決同性婚姻合法，看似性別已經邁向平權的終點？2016 年，臺灣已經有包含臺北市在內等其他縣市 [6] 開放同志註記，象徵臺灣性別平權的進步？法制的制定看似性別平等，然而，法制保障的背後卻暗藏著不平等。茲就美國 2015 年 *Obergefell*（135 S. Ct.2584, 2015）案，以及 2016 年北卡羅萊納州（North Carolina）的《HB2》（Public Facilities Privacy & Security Act, House Bill 2，簡稱 HB2）法案，分別論述性別的未來。

一、理論層面

2015 年，美國聯邦最高法院在 *Obergefell* 案裁決同性婚姻合法，美國跨向性別平權的終點。在此之前，美國國內仍有 14 個州禁止同性結合；6 月 26 日美國聯邦最高法院裁決出爐後，全美各州陸續解除禁令，美國成為全世界第 21 個承認並且保障同性婚姻的國家。美國聯邦最高法院在 *Obergefell* 一案判決過程中，並非未遭到反對的聲音，來自地方的政治與司法系統的反彈，部分地方行政單位甚至拒絕發放同志伴侶婚姻合法證書。然而，在 *Obergefell* 案的判決書中對同性婚姻合法的敘述，再度提出平等對於同性伴侶的重要性，這是保障人性尊嚴最基本的原則。

Obergefell 案的多數意見書中，大法官 Kennedy 說到：「世上沒有一個結盟比婚姻更深刻，因為婚姻體現最理想的愛、忠誠、奉獻、犧牲和家庭。在締結婚姻盟誓中，兩個人變得比過去的自己更偉大。正如本案部分訴求者指出，

---

[6] 臺灣截至 2016 年 10 月已有臺北市、新北市、高雄市、臺中市、臺南市、嘉義市、桃園市、彰化縣、新竹縣、宜蘭縣開放同志伴侶註記。

在有些情況下，婚姻的愛不斷延續，甚至跨越生死。說他／她們不尊重婚姻是種誤解，他們苦苦爭取正說明了他們尊重，而且必須實行」。同時，也說明了同性伴侶與異性伴侶平等，同樣擁有進入婚姻的自由權，不應該被剝奪。

多數意見書也提到：「同性伴侶的請求代表他們對婚姻的尊重，而且是非常深刻的尊重，因此他們要為自己尋求婚姻的實現完成。他們不希望自己受到必須一生孤獨的懲罰，不希望被排除在人類文明最古老的體制之外。他們要求法律之前的尊嚴平等。憲法賦予他們這樣的權利」。憲法保障人民進入婚姻權，不能因為其性別傾向有所不同。

在 Obergefell 由大法官 Kennedy 撰寫的多數意見書中，說明了同性伴侶除了在婚姻權利上應受到憲法保障外，其他的基本權利同樣與異性伴侶平等。大法官 Kennedy 敘述了四個基本原則，嘗試解釋憲法關於婚姻的保護，為何適用於同性婚姻上：

第一，婚姻是個人的選擇權，是個體自主（individual autonomy）的內在部分。憲法保障人們不同的選擇權，而婚姻中的選擇是個人最私密的行為，透過兩個人的結合，可以發現其他自由。這項原則適用於所有人，不論甚麼性別傾向。

第二，婚姻權的重要，在其支持兩個人的結合。五位大法官[7]援引隱私權案例，指出憲法保護夫妻有親密關係的權利；婚姻權使那些伴侶得到尊嚴，回應人們對孤獨的普遍恐懼。多數意見書中更指出，同性伴侶和異性伴侶同樣享有親密關係的權利。

第三，保護婚姻權利，為要保護孩子和家庭。大法官 Kennedy 指出，「結婚、成家和育兒，是正當法律程序條款所保障自由的核心部分。」。婚姻為孩子提供穩定環境，對他們是最好的選擇。同性戀家庭同樣可以建立關愛及彼此支持，拒絕同性伴侶的婚姻權，視他們的家庭為次一等，會讓到他們撫養的孩子受到傷害。

---

[7]　主張同性婚姻合法的大法官分別為：Kennedy、Ginsburg、Breyer、Sotomayor、Kagan。

第四，婚姻是社會秩序的重要基石。這一原則適用於異性伴侶，也適用同性戀人士。將同性戀者排除於婚姻制度之外，對他們是不平等及羞辱。

最後，大法官 Kennedy 援引第十四修正案的「平等保護」條款，指出同性伴侶結婚的權利，是第十四修正案所保障之「自由」的一部分，也是該修正案對法律面前的平等保護。婚姻權利是個人自由中固有的基本權利。根據第十四修正案的正當法律程序條款和平等保護條款，同性伴侶的婚姻權利和自由不得受到剝奪。

在臺灣，家庭一直被視為社會的基礎，婚姻是為了延續與發展家庭命脈而設計的制度，並非單純的男女之事；儘管現代婚姻不再來自父母之命、媒妁之言，有選擇伴侶與是否進入婚姻的自由，卻不代表個人自主不受限制。在社會規範的框架下，限制對象的選擇，在我國同性伴侶則不在社會規範所許可的對象範圍內，除了異性伴侶之外，其他形式的組合皆被排除在正式法律制度外。選擇多元成家方案為討論的個案，並非否認過去推動同性婚姻合法的努力，而是礙於當時臺灣社會各界對「同性婚姻」草案關注程度沒有「多元成家」程度高，爭議與論述較低，甚至直接退回委員會。故選擇多元成家方案為分析對象。

理論上，其所提出的三套方案，都以平等權的概念出發，中華民國憲法第 7 條「中華民國人民，無分男女、宗教、種族、階級、黨派，在法律上一律平等」，是保障人民權利的基礎。故，同性伴侶出於個人自主意識下，選擇與自己相同性別者共同生活，乃基於自由權與個人自主權的開展。中華民國憲法與民法中都未提及禁止同性伴侶進入婚姻，而當祈家威[8]、陳敬學[9]向所在

---

[8] 1986 年祈家威與同性伴侶到法院公證結婚，惟法院拒不受理。隨後，轉而向立法院請願，當時立法院的答覆為：「同性戀者為少數之變態，純為滿足情慾者，違背社會善良風俗。」可見當時的立法機關對於同性戀者的態度與傾向，明確顯示出臺灣同性戀者受到立法歧視的困境，http://newtalk.tw/news/view/2015-06-27/61644，查閱日期 2016.11.04。

[9] 2006 年 9 月，同性戀伴侶陳敬學與阿瑋，在雙方家長的見證下結婚，之後，前往戶籍所在的臺北市中山區戶政事務所辦理登記，卻遭駁回，http://www.coolloud.org.tw/node/71756，查閱日期 2016.11.04。

地提出結婚申請時，卻被不符合民法規定而遭駁回。因此，推動《民法》中婚姻適用對象不限性別的修法，並未衝擊法律條文原有制定的意義，理論上有可行性。實際上，隨時間推移，人權保障的概念逐漸演變到第三代的新興人權觀念，過去所制定的憲法、民法制度顯然不足以符合現代多元社會。

美國聯邦最高法院在同性婚姻合法的判決，確實使同性伴侶取得合法婚姻權，同性伴侶擁有婚姻權後代表性別平權？同性戀者在婚姻權利的確取得重大勝利，但不表示獲得全面性的平等的權利，由北卡羅萊納的《HB2》法案的公布窺見同性戀者並未獲得全面平等的權利。而臺灣，儘管公眾對同性婚姻的支持率超過 50%[10]，實際上卻在同性婚姻合法過程中屢次在政治部門、司法部門遭到一定程度的反對聲音，可以看見理論與實際上的落差。

二、實際層面

《HB2》儘管是單一州的法案，卻引各界的批評，其主要爭議在於聯邦民權法。《HB2》的出現讓美國意識到最高法院的同性婚姻合法化並非達到真正的同性權益平權，而仍存在差異，《HB2》的通過讓北卡羅萊納的 LGBTQ（Lesbian、Gay、Bisexual、Transgender、Queer）群體仍舊受到不平等對待。美國的法律二元性使各州在立法與法律的制訂上有一定的彈性空間，遂形成立法上的模糊地帶。然而，對於北卡的《HB2》法案的公布，主要是針對禁止跨性別者進入公共場合所設置的廁所，同時取消部分 LGBTQ 權益的保障。此法的公布不僅影響北卡的形象，同時造成經濟上的損失，主要因為聯邦憲法中明文禁止歧視，影響的範圍包括聯邦的契約、各界的投資案等商業利益。

北卡羅萊納在 2016 年 3 月 23 日通過《HB2》，規定跨性別者在學校或公眾場合只能依照自己出生證明上的性別來決定廁所的使用，不能依照自我的性別認同來選擇。法案公布後，美國政治部門以及司法部門的反應分別如下：

---

[10] 公共政策網路參與平臺 http://join.gov.tw/policies/detail/f69c2804-ba8c-46b0-b24f-6ae5db845789，查閱日期 2016.11.04。

（一）政治部門：總統 Obama 隨即公開譴責。

（二）司法部門：美國司法部於指出北卡羅萊納違反了《聯邦民權法》（Civil Rights Act），該法案不得執行，並下令北卡州長在下週一前回覆，確認北卡州不會繼續執行實施此法案，否則北卡政府將面臨法律訴訟，以及喪失聯邦政府數億美元補助的風險。

（三）公眾的反應則是：包括 NBA 職籃[11]、科技界的反應[12]、人權團體倡議解除《HB2》。

　　事實上《HB2》的公布後，北卡羅萊納面對的是經濟的損失以及就業機會的縮減[13]，企業平權的概念近年來已經納入性別傾向與性別認同的項目，而企業平權與否除了加深民眾對該企業的形象認同外（Mallory, 2016: 57-60），更多的是為企業帶來利潤。

　　至 2016 年止，臺灣已經舉辦了 14 次同志大遊行，儘管人數逐年增加，相關議題受到大眾更大程度的關注，但從 2016 年的遊行口號「一起 FUN 出來——打破『假友善』，你我撐自在 」可以看見在同志議題上仍有揮之不去的偏見。臺灣同志諮詢熱線協會在 2016 年的「LGBT 友善職場調查」[14]中，其結

---

[11] NBA 在聲明中指，自法案在 3 月通過以來，NBA 就和原定主辦「全明星週末」多項賽事的 NBA 球隊夏洛特黃蜂（Charlotte Hornets）一同推動修改法案，但未能改善法案所營造的氣氛。聲明指，NBA 無權選擇合作城市、州或國家的法律，但考慮到《HB2》性別歧視法案產生的氣氛，NBA 相信在夏洛特難以舉辦成功的「全明星週末」。聲明又對北卡州球迷表達了歉意，形容他們是「聯盟中最熱情的一分子」，但正因如此，NBA 和夏洛特黃蜂一直希望能為所有球迷和贊助商，包括 LGBT 群體在內，營造包容的氣圍，https://theinitium.com/article/20160722-dailynews-NBA-HB2/，查閱日期 2016.11.04。

[12] Facebook、Apple、Google、Lyft、Dropbox 和 Tumblr 在內的超過 80 家硅谷科技公司 CEO 或高管聯名簽署了一封公開信，公開信要求北卡羅萊納州廢除《HB2》法案，http://www.appledaily.com.tw/realtimenews/article/new/20160617/887696/，查閱日期 2016.11.04。

[13] 公共政策研究和宣傳組織 Center for American Progress 的一份報告顯示，該組織估計，到 2018 年，《HB2》將讓北卡損失私人領域的經濟產出累計高達 5.68 億美元以上。按照該組織的計算，目前北卡已經因為活動取消、企業撤資、旅遊業下滑損失了 8,600 萬美元，未來還將再損失 4.81 億美元。失去了至少 1,750 個工作崗位、7,700 萬美元的投資和遊客支出。

[14] 臺灣同志諮詢熱線協會 https://hotline.org.tw/news/1000，查詢日期 2016.11.02。

果顯示五成三的公司沒有任何同志或性別友善的說法、政策或教育訓練，近一成的人因為性傾向而遭受欺負或不平待遇。由此可知，大眾對於同志的認同與具體行為存有一定程度的差距。

綜合理論與實際層面而言，對於性別平等的爭議是要真正落實同性戀者與異性戀者的平等，這樣的平等並非僅在婚姻權，而是包含其他方面，例如職場，透過同志在職場上的待遇可以看見的多元性別平等仍有努力的空間。

伍、結語──持續深化的性別平等

女權先驅西蒙波娃在《第二性》中不但論及兩性差異的爭議，同時也讓我們看到對多元性別的觀點。在臺灣，理論上，民眾認同性別平等，不論是傳統的兩性，或者非傳統的 LGBTQ 群體都應獲得法律的保障。經驗上，這些形式上的認同一旦涉及賦權，則會產生態度與行為上的落差。在社會資源、政治資源有限的情況下，要將既有的資源延伸至 LGBTQ 群體，特別是同性伴侶所主張的婚姻權，在我國主要涵攝配偶的權益，在法領域上非僅有民法的部分，其餘尚有社會福利法、醫療法、稅法等等，這些都與資源分配有關，在這過程中，「敵意」會以不同的方式出現，往往使同性伴侶被視為權利掠奪者。

然而，LGBTQ 群體所倡議的權利，是憲法保障人民的基本權利，並非恣意的擴權，而是一種權利延伸的概念，既然 LGBTQ 群體納稅，那麼為何不能享有應有的權利。探究臺灣未來的性別問題，是如何逐漸根除在兩性、多元性別上的偏見，除了法律外，最重要的是透過具體的教育，教育人員應更能接納與認同非傳統性別傾向的學生，適時提供其所需的相關協助。學校的軟硬體設施上，建構跨性別的空間與設施，例如洗手間。期望經由學校教育可以真正達成落實多元性別認同與權利保障。

參考書目

外文文獻

Johnson, G. (2007). Civil Union: A Reappraisal, Edited by Mark Strasser, *Defending Same-Sex Marriage*, Volume1. Westport, Conn.: Praeger Publishers, pp. 29-44.

Mackinnon, C. A. (1988). Difference and Dominance: On Sex Discrimination, in *Feminism Unmodified: Discourses on Life and Law*. U. S. A.: Harvard University Press.

Mallory, C. & Sears, B. (2016). *Discrimination, Diversity, and Development: The Legal and Economic Implications of North Carolina's HB2*. Los Angcles: The Williams Institute Leadership, pp. 1-81.

Yang , L. H., Kleinman, A., Link, B. G., Phelan, J. C., Lee, S., & Byron, G. (2007). Culture and stigma: Adding moral experience to stigma Theory. *Social Science & Medicine*, 64(7), 1524-35.

中文文獻

方佳俊譯（2007），Martha C. Nussbaum 著，**逃避人性：噁心、羞恥與法律**。臺北：商周。

林正文（2002），**青少年問題與輔導**。臺北：五南圖書。

邱瑞鑾譯（2013），西蒙波娃著，**第二性**。臺北：貓頭鷹。

曾凡慈譯（2010），Erving Goffman 著，**污名：管理受損身分的筆記**。臺北：群學。

廖元豪（2009），〈建構以平等公民權（Equal Citizenship）為基礎的憲法權利理論途徑——對傳統基本權理論之反省〉，收錄於廖福特主編，**憲法解釋之理論與實務第六輯**，頁 365-428。臺北：中央研究院法律學研究所籌備處。

劉泗翰譯（2011），Raewyn Connell 著，**性別的世界觀**。臺北：書林。

蔡宜臻、呂佩珍、梁蕙芳（2013），〈愛滋病污名之概念分析〉，**長庚護理**，第 24 卷，第 3 期，頁 272-82。

跨科際的典範轉移(paradigm shift)：
Mode1 到 Mode2 的教學反思

周維萱

國立臺灣海洋大學共同教育中心助理教授

摘要

隨著科學與社會議題的高度複雜性，Gibbons（1994）認為傳統以學科為導向的知識生產模式不足以應付真實世界所面臨的問題，因而提出 Mode2 知識生產模式，有別於傳統知識生產（Mode1）強調符合學科規範及同儕審查控制的方式，Mode2 強調以實際問題為基礎，在其中使用多學科進行問題解決方法的思考，進而完成新知識整合的方法論（Gibbons, 1994; Boix, 2005），以此面對如全球暖化、糧食安全、水資源缺乏、環保能源等高度複雜的真實問題。

本文以「跨科際的典範轉移（paradigm shift）：Mode1 到 Mode2 的教學反思」為題，探討跨科際典範移轉的本質內涵及教學方法，並以研究者本身設計、執行跨科際課程的實踐經驗提出未來欲規劃設計跨科際課程建議與參考。

關鍵詞：跨科際、典範轉移、真實問題

壹、前言

2011 年，研究科技組織歐洲協會（European Association of Research and Technology，簡稱 EARTO）提出跨科際典範移轉（paradigm shift）的概念及實踐，強調科學研究、科普、科學教育的「知識轉移（knowledge transfer）」以加深對社會的貢獻與影響力，並致力於科學傳播，為高度複雜的社會性科學議題（socio-scientific issue）尋找有效的解決方法（EARTO, 2011）。Irwin（1995）在《公民科學》（*Citizen Science*）一書中認為科學中心主義造成極大多數的市民生活被排除於科學知識外，所以科學家主要的任務在於讓社會大眾理解科學知識，因此，重新思考大眾與科學之間關係成為跨科際的關鍵。在這樣的脈絡之下，科學教育與傳播必須不同於傳統學科閉門造車或單向傳播，而應該發展跨科際性質的設計（Brown et al., 2010; Marinova & McGrath, 2004）。

Project（2010）認為跨科際性質係指：以兩個或多個學科的思維模式及專長領域，透過不同認知的衝突、同化、調節產生新知識的過程，學者稱這樣的過程為知識整合程度的進展（a progression of the degree of knowledge integration）（Brown et al., 2010; Marinova & McGrath, 2004）。如果從多學科性提高知識整合的角度來看，跨科際除探究學科間的互動外，更強調超越不同學科界線（across and beyond the disciplines）進行知識生產的過程，他讓科學研究的範圍有所變動，進而影響科學知識論述的方法（Marinova & McGrath, 2004）。

Chantal（2009）認為科學教育／傳播其設計與實踐的過程具有跨科際強調的異質性（heterogeneity）和多元性，並非單一領域專家所能規劃與運作，必須由多個學科專家、研究者、利害關係人以解決問題為基礎，經歷溝通、認知調節思索解決方式（Boix, 2005; Chantal, 2009）。這樣的模式擴大了科學傳播網絡的範圍及參與對象，也能從其過程中觀察到公民社會如何協商、處理並解決問題，培養公民負擔起對地區發展的社會責任及反思。

2003 年，聯合國教育、科學及文化組織認為現今高等教育應重新調整以滿足整合知識、技術和跨合作制度的挑戰，並希望擁有專業的科學家可以

轉型解決現實生活的問題，以實現全民教育的發展（AASHE, 2011; Steiner & Laws, 2006）。以跨科際典範移轉為基礎的科學教育內涵成為改革的重點，綜上所述，本文以「跨科際的典範轉移（paradigm shift）：Mode1 到 Mode2 的教學反思」為題，探討跨科際典範移轉的本質內涵及教學方法，並以研究者本身設計、執行跨科際課程的實踐經驗提出未來欲規劃設計跨科際課程建議與參考。

貳、文獻探討

一、跨科際的基本意涵

　　跨科際（transdisciplinarity）、多領域（multidisciplinarity）、跨領域（interdisciplinarity）雖然都源起於學科分工的省思，實踐上仍有些微差異。多領域是以不同角度對議題研究，但議題的解答仍然存在於不同學科中；跨領域是立基於現有學科分類，對現有學科分類不足的部分進行補充與支持；跨科際（transdisciplinarity）係指不只涵蓋學科與學科之間的互動，而且應該不需固定學科界線，就能解釋整個知識體系相互關係的一種方式，也就是說，跨科際要找到有別於傳統學科劃分的研究方式（陳竹亭、唐功培，2013a：169-170）。

　　跨科際概念的興起源自於對科學中心主義的挑戰，1970 年代社會學開始對科學知識獨立於社會制度的概念提出了批判，Fricke 與 Moore（Fricke & Moore, 2006）認為物質與精神的連結是緊密相扣的，一個新科技物的產生，必須有足夠的社會條件支持，而科技物會透過社會生活改變人類的價值觀和道德觀，創造新的社會規則，因此理解社會制度及文化實踐如何促進與維持科學知識的生產是重要的脈絡方向。Gibbons（1994）認為傳統科學知識的生產隱含著政治權力與社會排斥，首先，它必須符合不同學科內的研究規範，其知識生產結果受到同儕審視來控制科學知識的內容，大眾與科學之間的關係被預設：大眾是無知或不理性的，在重要議題出現時，科學強調的理性及數據才能提出關鍵的解決方法，因而讓科學家轉換為替政府背書及限制公民參與議題討論的角色。近年來，許多真實世界的問題考驗著科學中心主

義，這些具有高度不確定性的問題讓風險不再如傳統科學認知的客觀中立，環境及科技對於人的影響與人與人在社會的互動具有相當的關連，透過真實問題的概念讓以學科為基礎的知識生產模式不再擁有壟斷的權力，以系統性、整合性及人文層面的知識生產過程越來越受到重視（Wynne, 1996）。

在這樣的脈絡下，知識生產具體要發展什麼知識，這樣的知識具有什麼特性？什麼人能參與這個知識生產的過程？成為廣泛討論的議題（Boix, 2005; Wiek et al., 2011; Martin, 2008）。Wynne（1996）對於科學中心主義所提出的公眾無知（public ignorance）提出了反省，他認為在知識生產的過程中，專業知識所強調的控制，是一種目標而非結果，許多議題中，常民知識反而極具有彈性同時能適用於不同環境。Irwin（1995）則使用比較接近人類學的觀點理解公眾如何理解科學，提出在地知識與專業知識論述。Geertz（1973）認為「意義（meaning）」的需求是人類基本的要素，文化所代表的意義架構了整個知識與社會的秩序（Geertz, 1973: 45-46）；知識物件（knowledge object）就是在這個運用過程中被賦予超越本身功用，透過社會空間創造出了意義，讓知識／社會空間的連結具有意義；在地知識如一個知識物件，是特定地方的人們經長時間發展形成的意義與秩序，以此定位世界，是基於生活經驗並崁嵌在社群互動、地區體制和習俗中，因此常民對於科學的理解是以經驗性的取徑理解生活周遭事物並賦予意義，進而建構其知識論述為基礎（Irwin, 1995）。在地知識強調經驗與脈絡性提供了傳統科學不存在的價值觀點和不確定性，也擴大了知識生產的參與者：所有相關的利害關係人，彼此的合作與溝通將取代單一科學家的論述成為尋求真實世界問題解答的方法（Gibbons, 1994）。

二、臺灣跨科際之發展脈絡

早在 1970 年代，教育研究暨創新中心（Centre for Educational Research and Innovation, CERI）舉辦的國際研討會（A Seminar on Interdisciplinary in Universities）中許多科學家皆認為各學門的專精及分殊化，已經造成領域隔閡即將化的學科本為現象，導致大學在研究、教育及服務社會的功能不彰（陳竹亭、唐功培，2013b：15）。許多學者開始反思以學科為本位的科學教

育，Foucault（1994）認為傳統學科內知識生產的規範透過學習過程的標準化，同儕審視進行品質的控管，大學教育分科的結果是以類似工廠的方式產出規範內的個體，而教育成為以鐘聲為常規的學習活動。這樣的過程會造成處理真實問題時缺乏整合與系統思維，也讓科學研究與真實世界脫軌，無法達成科學研究促進社會進步的目標（Jantsch, 1972）。物質與人類生活之間的連結，跨大了解決問題的視野，整合性知識系統發展成為跨科際科學教育重要的目標（Scott & Bam, 2009; Klein, 2010）。

近年 STS 學術領域在臺灣日趨成長，面對日益複雜的真實問題，整合性系統知識成為大學教育改革的新目標，教育部提出了跨科際（SHS）計畫進行大學教育的革新，SHS 計畫採跨科際（transdisciplinary）概念，不以創建新學科為必要的目標，而是以面對社會上重大且迫切的真實議題為出發點，站在專業學科知識的基礎上，進行跨域探究式學習（陳竹亭、唐功培，2013b：16）。同時訂出了「我們所面對之十個重要問題」做為議題選定的建議方針，包括：(1) 學術自主與全球化問題；(2) 高等教育中能力與智慧轉向問題；(3) 多元社會中民主發展問題；(4) 社會創新問題；(5) 經濟創新與永續發展問題；(6) 人口結構改變問題；(7) 自然資源枯竭與合理使用問題；(8) 科技與社會共生問題；(9) 文化認同問題；(10) 個人與群體價值問題（林從一，2011）。透過問題解決導向配合重大實務問題進行課程內容規劃，藉以發展科學、人文、社會跨科際內涵的課程設計、教學方法及學習評量，是高等教育創新革新方向。

三、跨科際教學方法之分析

（一）跨科際教學方法內涵

跨科際課程設計認為科學中心主義下，知識的生產中，由於不同階級或族群的生活風格皆隱藏著有不同的價值，當不同意識形態和社會形式在知識場域中相遇，專家所擁有的優勢常衝擊著其他的微型知識論述，讓大眾與科學之間的關係失衡（Martin, 2008）。而身為未來菁英的大學生，他們的實踐與創造，對科學的再詮釋，將成為現代社會面對真實問題時重要的媒介，因此如何透過課程讓學生重新思考科學研究的界線，透過多元的溝通與理解學習

完整評估待解決問題的方法，並在過程中實踐社會正義，是跨科際課程設計重要的理念（McKeown, 2006; Svanstrom et al., 2008; Schlottman, 2008）。

Warburton（2003）認為跨科際課程應具有層次思考，首要使用範圍較廣的概念和內容，提供學生思考議題的全貌，課程內容與內容間具有關連性（如物質（科技物）與精神（心靈）之間的關係），同時強調議題持續發展的動態過程，也就是培養學生關注未來的發展是否能解決原先假設的目標，而非僅依賴價值觀、偏好和利益相關者的定義（Skaburskis, 2008）。

（二）跨科際教學方法步驟與設計

1. 真實問題的重要性——海洋環境的跨科際問題（舉例）

Gibbons（1994）提出 Mode2 知識生產模式，有別於傳統知識生產（Mode1）強調符合學科規範及同儕審查控制的方式，Mode2 強調以實際問題為基礎，在其中使用多學科進行問題解決方法的思考，進而完成新知識整合的方法論（Gibbons, 1994; Boix, 2005），以此面對如全球暖化、糧食安全、水資源缺乏、環保能源等高度複雜的真實問題。因此找出高度複雜且待解決的真實問題是跨科際課程設計首要的關鍵。

就拿海洋環境議題來說，隨著全球人口的增加，糧食需求與安全成為未來人類所面臨重大且尚無解決方案的問題。目前在全球糧食供應上，以農業及畜牧業為蛋白質供應的主要來源，然隨著溫室效應、土地資源減少的情形下，藍色經濟[1]（Blue Economy）隨之而起。海洋漁業及水產養殖目前提供全球約 20% 動物蛋白質來源，亞洲地區甚至約有 30% 的動物性脂肪消費來自於海洋漁業（Bell et al., 2011），由於全球約 70% 為海洋，海洋漁業可利用的資源範圍遠高過農業及畜牧業，因此在未來糧食需求上，海洋漁業成為重要的來源。然近年，臺灣海域物種快速消失中，這其原因可能包括了全球暖化致使漁場改變甚至消失（Bell et al., 2011）、生態系過漁（Overfishing）造成資源枯竭現象（Samuel et al., 2013）及消費者海洋倫理的缺乏及食物浪費（FAO, 2011）等。

---

[1] 「藍色經濟」一詞最早源自於綠色經濟的應用，強調尊重自然，提升生產效率與海洋倫理平衡、零污染排放、社會參與等概念。

　　2012 年 APEC 會議提出「以藍色經濟為原則的糧食安全」議題，強調藍色經濟是一種循環經濟模式，重視保育及再生，致力於廢料或能源耗損的最小化，讓地球生態取得平衡，達到永續利用與零污染排放的優質社會（Pauli, 2011）。但一般民眾對漁業的印象仍停留在「餐桌上」的階段，過魚現象仍然存在，使用具殺傷力的漁法捕魚也時有所聞。要解決海洋環境所面臨的問題，問題的解答早已超越了傳統科學原有的界線，也並非單一漁業或生態專家可以回答，因為他涉及科學的社會、文化及經濟脈絡，要解決這個問題，必須打破科學既有的界線，由多個學科專家、研究者、利害關係人以解決問題為基礎，經歷溝通、認知調節思索解決方式，這樣的模式擴大了科學研究的範圍，也讓研究者面臨新學科研究方法的挑戰（Boix, 2005）。

2. 如何溝通？

　　在科技問題與民眾關係的日益複雜下，科學傳播的網絡及內容也隨之改變，許多學者開始提出跨科際角度出發的科際傳播，強調常民溝通的重要性，如「常民專家模式（the lay expertise model）」強調常民經驗不確定性的價值，或「公眾參與模式（the public engagement modal）」強調民眾意見的整合在科技決策過程中的重要性（Brossard & Lewnstein, 2011），這些模式說明了科學傳播早已超越了傳統科學訊息單一傳遞的界線，而涉及科學的社會、文化及經濟脈絡及大眾對科學多元面向的理解，因此科學傳播的範圍、方式應該是具有彈性且多元的（Chantal, 2009）。

　　Project（2010）認為在進行大團體利害關係人對談前，應該先進行利害關係人溝通，了解不同利害關係人如何看待這個真實問題，並透過資料設計大團體對談的主題及目標。指標依照溝通者間文化的均質／異質性，以及自願合作／強迫兩種溝通形式，分成四種不同的「交易區（trading zone）[2]」進行溝通，能讓不同文化間利害關係人合作的「碎形交易區（fractionated trading zone）」與跨科際理想最接近（Collins et al., 2007）。

---

[2]　交易區（trading zone）由哈佛大學科學史學家 Peter Galison 提出，係指不斷嘗試進行溝通的過程，如果兩個領域學者間溝通有障礙，交易區就會產生，反之則沒有。（Collins, 2014）

其次，Colins（2014）認為跨科際問題解決最重要的關鍵在利害關係人對談上，而 Skaburskis（2008）認為議題解決的過程涉及社會對「專家」與「常民」兩個角色既定的想像，如何讓常民知識與經驗有機會與專家同桌共談，科技咖啡館是一種很好的選擇。科技咖啡館是一種使用世界咖啡館討論模式[3]而來的方法，世界咖啡館討論模式（The World Café）的核心價值源於公民社會，強調非結構化的溝通場域，鼓勵公民進行多元自發之民主審議活動，如十八世紀法國咖啡館的功能，以無階級及輕鬆方式溝通，個人觀點在討論中經檢視、改變、散播而匯集成集體的新觀點，創造社會新價值，過程中參與的平等性打破了權力關係，重新建立新參與脈絡，這個脈絡強調權利關係的和諧與尊重（Rachel, 2011; Whybrow, 2011）。其強調「對話」而非辯論的精神，減少專業對於公民自治的控制，讓人民從壓抑的決策環境中解放，成為公民社會的主體（Rachel, 2011），以此達到審議民主呈現多元觀點、包容平等的原則與精神，如此才能解決菁英討論、沈默螺旋、多數暴力等審議民主的困境，達成公民自治的理想（Nabatchi, 2010; Lyn, 2011b）。而世界咖啡館討論模式策略應用社會性科學議題對談上，有七個核心設計基礎（Aldred, 2011; Lyn, 2011a, 2011b）。

3. 強調經驗學習

Wiek 等人（Wiek et al., 2005）認為整個跨科際課程設計最重要的就是以真實問題為基礎，透過不同領域的人合作，溝通是必要的過程，過程中會發現切入角度不同的多元差異，經過整合產生新的觀點，對社會及公眾生活產生改變的力量，而這個改變的力量具有可持續性（sustainability）或永續性，

---

[3] Brown 和 Isaacs 設計的世界咖啡館運作模式強調多元觀點的匯集與集體智慧之呈現，並以七個核心設計原則進行：為背景定調、創造舒服的討論空間、探究重要問題、鼓勵成員的貢獻、交流與連結不同的觀點、共同聆聽不同的觀點及更深層的問題、集體心得的收成與分享進行規劃。參與人數彈性，採用咖啡桌型式分組，每桌 4 至 5 人進行對談。每桌自我介紹後，各選出一桌長及紀錄，討論一段時間後，各桌長保持不動，組員移至其他各桌，由另一桌的桌長介紹前一輪的結論，並以此為基礎進行更深入的討論，進行數回後，分享大家智慧的內容並整理討論重點（Brown & Isaacs, 2005）。

能透過多面向發展成為一個穩定且能自我維持的系統。在這樣的脈絡下，經驗學習是一個值得探討的方法。從 Dewey 的實用主義開始，經驗學習在教育的重要性開始被廣泛提及（Dewey, 1938）。Kolb（1984）的經驗學習理論（Experiential Learning Theories, ELT）認為學習是經驗的理解（comprehension）與轉化（transformation），產生新知識的過程，並以四階段說明如何進行經驗學習：

(1) 具體經驗

教師需提供具體經驗，該具體經驗需讓學生產生認知衝突與混亂，教師透過引導讓學生觀察並檢視問題產生的核心，進而理解與認識該經驗的價值與對自我的衝擊，進而對該議題有更完整的認識（Warburton, 2003）。

(2) 反思與內化

隨著經驗中所見所聞，領悟這些感受的抽象意涵，並將反省所獲得的觀念與自身過去經驗連結與整合。

(3) 轉化抽象領悟

藉由不斷反思與檢視將這些領悟有目的的內化成新的自我認知。重新檢視自我，形成一套自我描述新知識的方法。

(4) 行動實驗

將這些理解與觀念實際應用於日常生活中，以此擴大轉化的學習意義，而行動實驗有助於策略性能力的培養。

Kolb（1984）認為經驗學習是一個持續的過程，同時不是親身經歷而已，而是強調具體經驗與以往經驗的連結，從中找出認知的衝突與混亂，進行認知的重新同化與調節，經驗才具有學習的意義，也才具有應用的可能性（Piaget, 1972）。

參、跨科際典範轉移（paradigm shift）的課程設計與實踐

一、課程設計簡要說明

（一）課程擇定的重要問題

以八斗子漁村為基礎，從傳統漁具漁法的文化保存到現代漁具漁法的海洋環境議題，設計「基礎」到「進階」課程，讓學生能站在「在地海洋文化」思考「全球海洋環境議題」，再從「藍色經濟為原則的糧食安全議題」回歸到「在地漁村發展問題」的解決。

1.「多元文化通論」（基礎）

從在地微觀文化觀察的過程，理解並體認到該文化的困境，選擇從這些困境著手，透過與鄰里互動與合作，強調學生對生活所在環境的文化關注、理解、探究以及嘗試解決問題。所欲回答的重要問題為：八斗子居民所想要呈現的真實漁村樣貌為何？如何透過學生與鄰里的合作互動，詮釋屬於在地想要表現的漁村文化，透過參與敘事內容的生產與更新，達到文化平權的積極意義。

2.「海洋未來與漁村治理」（進階）

從全球藍色經濟為原則的糧食安全議題，逐漸深入在地漁村的發展問題，運用未來學進行未來的建構思考，讓學生學習建構未來的行動意義。所欲回答的重要問題為：如何透過自身所學，對於發展漁業環境友善的重要議題：對現代漁具漁法進行了解，思考海洋環境的未來，成為一個漁業環境友善的行動者？

（二）課程操作簡要說明

課程透過跨科際步驟，設計皆以「問題探究」為始，設計跨科際課程，讓學生透過傳統漁具及現代漁具漁法經歷跨科際學習的過程，完整進行科學、跨領域、人文三部分的訓練與學習，並透過數位科技進行數位繪本之製

作，一方面學習跨科際技能，一方面讓學生與在地場域結合進行在地關懷及行動。

二、課程設計面之結果與反思

　　研究者獲得教育部跨科際人才培育計畫補助，進行兩年之跨科際課程[4]設計與實踐，發現學生對於跨科際之公民行動式參與是積極正向，他們開始視公民參與為一種責任，願意平等尊重的與他人溝通並共同解決問題。透過跨科際課程，學生開始理解如何從在地漁業議題出發，透過觀察與溝通，體會在地在發展與環境保護之間的困境，並透過自我進行社會實踐，透過深入在地議題真正的參與，能讓學生擺脫專業菁英的觀念，理解不同文化、人群的生活經驗，嘗試溝通與合作解決問題。課程中鼓勵學生透過做中學方式進行理論學習、聆聽別人的意見，學習如何使用數位工具實踐社會正義的理念。從學生的回應中發現他們透過對於在地議題、公民參與有了新的理解與概念：

> 這類課程是我是第一次接觸到，剛開始聽老師說成果要做數位繪本或數位紀錄片，覺得很困難，但上完課後發現，課程讓我學習如何與人溝通，不僅是與小組成員，也必須與社區大哥大姊們溝通，它強調尊重並瞭解不同的生活經驗，才能不形式，而是真正做出屬於這個文化的東西……，真正的參與，讓我覺得課程有了意義。（T-6）

> 經過一學期的學習，……學會用數位的形式來探究漁村文化及環境議題，與同學、社區交流的過程可以瞭解不同人對當地文化、環境主題的多種想法，而這些概念卻可以轉化成我和小組成員的想法，用數位方式表現出來，我想這就是一種「公民實踐」的概念吧。我也明白何謂「文化保存」和「發展」之間的拉扯，當地區民對於在現存制度、文明、文化及漁業環境之間的關連。……（103-D-02-05）

---

[4]　本計畫為跨科際特色課程，所有課程設計、內涵皆於教育部跨科際數位平臺中，網址參考：
http://shs.ntu.edu.tw/highlight/。

其實學生之前很少接觸海洋議題，課程設計從漁村出發，進行問題解決，因此從相關質性資料可以看出透過漁村議題的反思及批判思考、文化現象與社會權力關係的察覺，學生開始對自我及不同群體要如何改變產生尊重與同理的能力：

> 剛開始上課時，覺得要一直出去田野很麻煩，但感覺參加此次課程後，讓我體會觀察的重要性，如何從當地的環境觀察在地文化及海洋環境的困境，並思考如何解決發展與保存之間關係，聽阿伯的講述，年輕一代都不從事漁業，外籍漁工成為目前漁業的主要勞力，人口外移是一個問題，外籍漁工的管理也是問題，有些不是我能解決的，我覺得政府應該要考量不同區域的發展，給予不同資源及尊重。（103-D-05-05）

同時，看出學生透過反思，開始反觀自我對待土地、環境及周遭事務的態度，並開始思考自身家鄉的問題：

> 這幾天與一個陸生回家，踏出車站時我面對她充滿期待的眼神忽然不忍心告訴她我對彰化其實「不熟」，這種「不熟」不是不知道哪裡有好吃的，有好逛的，而是我不知道怎麼去讓她貼近我出生的這個所在，不知道要怎麼組織語言告訴她，我們的南瑤宮和現在那些從大陸整組屋宇搬過來的廟不同，無法用淺顯的語言告訴她日治時期染血八卦山的悲愴與殖民的傷痛，無法告訴她，儘管祖先相同，但我們本質已然不同，我想我可能還不夠了解彰化，我不像我以為的那樣了解自己的家鄉，我想，我可能還要再努力點去關懷這片鄉土，這個在先祖漂泊百年後、我們滿懷愛意稱為家的地方。（103-A-03-04）

三、課程實踐面之結果與反思

本研究以跨科際實踐概念進行課程設計，透過鄰里、學生共同合作，讓學生重新對數位產生不同的想法，也開始連結到自我身為公民的意義。在學習過如何應用自身力量進行社會實踐的概念、操作，藉此熟悉此類教學技

巧、活動及成果等歷程，完成多件數位作品，讓學校教育不再只是紙上談兵，而是真正落實於在地知識的保存與創新。

課程採行動研究，教師在其中發現，雖然課程設計期望透過漁村議題設定及數位技巧的結合，讓學生能體會公民文化行動的意義，讓漁村特色以多元數位方式呈現。從學生的反思來看，然有學生慣於把場域實作當成是參訪或出去玩，這與學生對於通識課程的認知有關，學生習慣於看到，卻無法看見，因此較無法將自身經驗轉化成觀點的深度，有些同學做出來的作品深度較為缺乏，此為本研究未來試圖改進的方向，未來課程將細膩化數位方式，採個人作品為基礎，並依照不同的數位方式，個別學習，如此才能加深作品深度及廣度。

四、教師課程反思

課程實施後，從與學生的互動及經驗，促使教師重新思考，教師的專業應該隨著學生的特質、教學環境而改變，教師若能改變權威式教學方式轉而站在引導角色，反而更能促進學生勾勒出對議題全面性的理解能力。跨科際為基礎的教學方案，不僅對學生，對教師來說也是一個新的嘗試，教師與教學助理在執行的過程中經過無數討論，經歷了課程設計的摸索、嘗試與挑戰。課程設計的過程，讓教師深刻的反思自我在教學場域中的角色以及到底高等教育應該提供什麼樣的課程，讓學生理解知識的社會文化脈絡，透過觀察進行批判及思考。本教學方案如同一個起點，雖然仍有許多改進的地方，但透過這樣的歷程，有助於教師成長，成為教學革新的動力。

肆、結論

近年來，大專院校雖然不斷強調跨領域課程及學習的重要，但許多課程仍偏重於講授，缺乏真實問題為基礎，打破科際界線以問題為設計與實踐的課程設計與空間。所以，建議教師可以將跨科際及經驗學習的設計原則融入通識課程當中，提升大學生跨科際問題解決之能力。

其次，學校除了鼓勵教師開設相關實踐型的課程外，更應該支持教師長期進行行動研究，在實踐型的教學創新設計中建構一個教師自我實踐反省的空間，要求的不僅是課程目標的達成，而是從學生在課程中的學習歷程及表現進行觀察，也才能讓教師修正課程符合學生需求，也才能讓教學者從目標成效轉變成關心實踐型課程設計的品質。

參考書目

外文文獻

AASHE (2011). *Bachelor's Degree Pograms in Sustainability*, available at: http://www.aashe.org/resources/bachelors-degree-programs-sustainability (accessed 25 January 2014).

Aldred, R. (2008). Ethical and Political Issues in Contemporary Research Relationships. *Sociology*, 42: 887-903.

Boix, M. V. (2005). Assessing Student Work at Disciplinary Crossroads. *Change Magazine*, 37 (1):14-21.

Bell, J. D., Johnson, E. J. & Hobday, A. J. (2011). *Vulnerability Tropical Pacific Fisheries and Aquaculture Climate Change*. New Caledonia: Secretariat of the Pacific Community.

Brown, V. A., Harris, J. A. & Russell, J. Y. (2010). *Tackling Wicked Problems through the Transdisciplinary Imagination*. Earthscan, London.

Brossard, D. & Lewnstein, B. V. (2011). A Critical Appraisal of Models of Public Understanding of Science. In L. Kahlor & P. H. Stiut (eds.), *Communicating Science-new Agendas in Communication*. New York: the Routledge Press.

Chantal, P. (2009). Using the Deficit Model, Public Debate Model and Co-production of Knowledge Models to Interpret Points of View of Students Concerning Citizens' Participation in Socioscientific Issues. *International Journal of Environmental & Science Education*, 4(1): 49-73.

Collins, H., Evans, R. & Gorman, M. (2007). Trading Zones and Interactional Expertise. *Studies in History and Philosophy of Science Part A*, 38(4): 657-666.

Dewey, J. (1938). *Experience and Education*. New York: Collier Books.

European Association of Research and Technology (EARTO) (2011). EARTO position on the next generation of European Union research and innovation programmes. http://www. research.com/index.pfp?option=com_content&view=article&id=50&Itemid-53. (accessed 25 January 2014).

FAO (2011). *Global Food and Food Waste*. Italy: Food and Agriculture Organization of the United Nations. www.fao.org/ag/ags (Retrieved2013/03/06).

Foucault, M. (1994). In S.Walter (trans.), *Überwachen und Strafen*. Frankfurt am Main, Germany: Suhrkamp Verlag (Original work published 1975).

Frickel, S. & Moore, K. (2006). Prospects and Challenges for a New Political Sociology of Science, pp. 3-3. In S. Frickel & K. Moore (eds.), *The New Political Sociology of Science*. Institutions: Networks, and Power. Madison, Wis: University of Wisconsin.

Geertz, C. (1973). *Religion as a Cultural System*. New York: Basic Books.

Gibbons, M., Limoges, C., Nowotny, H., Schwartzman, S., Scott, P. & Trow, M. (1994). *The New Production of Knowledge: The Dynamics of Science and Research in Contemporary Societies*. London: SAGE.

Irwin, A. (1995). *Citizen Science: A study of People, Expertise and Sustainable Development*. London, New York: Routledge.

Jantsch, E. (1972). Towards Interdisciplinary and Transdisciplinary in Education and Innovation. Interdisciplinary. *Problems of Teaching and Research in Universities*. Paris: OECD Publications Center, pp. 97-121.

Klein, J. T. (2010). A Taxonomy of Interdisciplinary. In R. Frodeman, T. Klein & C. Mitcham (eds.), *The Oxford Handbook of Interdisciplinary*. Oxford: UK University, pp. 15-30.

Kolb, D. A. (1984). *Experiential Learning: Experience as the Source of Learning and Development*. New Jersey: Prentice Hall.

Lyn, C. (2011a). Designing a Public Conversation Using the World Café Method. *Social Alternatives,* 30(1): 10-15.

Lyn, C. (2011b). Dilemmas, Disasters and Deliberative Democracy: Getting the Public Back into Policy. *Griffith Review*, l(32): 38-46.

Marinova, D. & McGrath, N. (2004). A transdisciplinary Approach to Teaching and Learning Sustainability: A Pedagogy for Life. *Teaching and Learning Forum*, available at http://otl.curtin.edu.au/tlf/tlf2004/marinova.html (accessed 29 November 2011).

Martin, S. (2008). Sustainable Development, Systems Thinking and Professional Practice. *Journal of Education for Sustainable Development*, 2: 31-40.

McKeown, R. (2006). Education for Sustainable Development Toolkit, *United Nations Educational, Scientific, and Cultural Organization.* Paris, France, available athttp://www.unesco.org/education/desd (accessed 29 November 2011).

Nabatchi, T. (2010). Addressing the Citizenship and Democratic Deficits: The Potential of Deliberative Democracy for Public Administration. *The American Review of Public Administration*, 40(4): 376-399.

Pauli, G. (2010). *The Blue Economy, Our Planet.* UN: the United Nations Environmental Programme. *Journal of Community Service Learning*, 9(1): 18-26. http://www.unep.org/pdf/ OP_Feb/EN/OP-2010-02-EN-FULLVERSION.pdf (Retrieved 6 March 2013).

Piaget, J. (1972). *The Epistemology of Interdisciplinary Relationships.* In CERI (ed.), Interdisciplinary: Problems of Teaching and Research in Universities, pp. 127-139. Paris, France: OECD.

Rachel, A. (2011). From Community Participation to Organizational Therapy? World Cafe and Appreciative Inquiry as Research Methods. *Community Development Journal*, 46(1): 57-71.

Samuel, S. M., Porfirio, M. A., Renmar, J. S., Richard, N. M., Maria, V. A., Doctor, E. C., Dizon, R. C., Geronimo, F. M., Panga, & Reniel B. C. (2013). A Frame-Work for Vulnerability Assessment of Coastal Fisheriesecosystems to Climate Change-Tool for Understanding Resilience Offisheries. *Fisheries Research*, 147: 381-393.

Schlottmann, C. (2008). Educational Ethics and the DESD: Considering Trade-offs. *Theory and Research in Education*, 6 (2): 207-219.

Scott, D. & Clive, B. (2009). Something in the Air: Civic Science and Contentious Environmental Politics in Post-apartheid South Africa. *Geoforum,* 40(3): 373-382.

Skaburskis, A. (2008). The Origin of "Wicked Problems". *Planning Theory and Practice*, 9(2): 277-280.

Steiner, G. & Laws, D. (2006). How Appropriate are Two Established Concepts from Higher Education for Solving Complex Real-World Problems? A Comparison of the Harvard and the ETH Case Study Approach. *International Journal of Sustainability in Higher Education*, 7 (3): 322-340.

Svanström, M., Lozano-Garcia, F. J. & Rowe, D. (2008). Learning Outcomes for Sustainable Development in Higher Education. *International Journal of Sustainability in Higher Education*, 9 (3): 339-351.

Warburton, K. (2003). Deep Learning and Education for Sustainability. *International Journal of Sustainability in Higher Education*, 4 (1): 44-56.

Whybrow, A. (2011). World Café Discussion. *Coaching Psychologist*, 7(1): 77-82.

Wynne, B. (1996). May the Sheep Safely Graze? A Reflexive View of the Expert-lay Knowledge Divide. In S. Lash, B. S. & Wynne, B. (eds.), *Risk, Environmentand Modernity: Towards a New Ecology*. London: Sage, pp. 44-83.

Wiek, A., Withycombe, L. & Redman, C. L. (2011). Key Competencies in Sustainability: A Reference Framework for Academic Program Development. *Sustainability Science*, 6(2): 203-218.

中文文獻

林從一（2011）。**我們所面對之十個最重要問題」說明及案例**。臺北市：教育
部。查詢日期：2014/11/30，擷取自 http://shs.ntu.edu.tw/shs/?p=18529。

陳竹亭、唐功培（2013a）。跨科際教育在臺灣大專校院實施之探究。**長庚人
文社會學報**，第 6 卷，第 2 期，頁 159-195。

陳竹亭、唐功培（2013b）。跨科際教育——專業與通識的結合。**通識在線**，
第 48 期，頁 15-18。

國家的理性與瘋狂：其經濟角色的探討與思潮

莊達欣

元智大學通識教學部兼任助理教授

摘要

要回答甚麼是國家經濟角色（the economic role of state）並不容易。因為它涉及的議題龐雜、範圍寬廣。嚴格來說，對於國家經濟角色的功能、概念與內涵，學界並未形成一個統一的共識。國際上雖然有諸多評量國家各項發展指標的機構，但是針對整體國家經濟角色系統的衡量仍不多見。「國家」這個概念本身所涵括的面相廣泛，而上世紀末到新世紀初，全球的政治環境與自由市場越來越複雜，國家的功能與角色受到越來越多的質疑與挑戰。本文僅選擇部分學派的觀察，進行「國家與自由市場關係」的探討。傳統經濟學當中，現代西方的經濟制度被視為一種理所當然的存在，政府的角色被極小化，長期以來人們已經習慣將政府視作一種市場的補充角色，國家與政策對市場的干預只能限於古典環境因受侵犯而導致失場失靈時才被允許施行。一個根本的問題：國家是理性還是瘋狂？當國家的扮演理性角色時，它是市場失靈的補救者、最大效用的保護者、資源分配的提供者；而當它轉為瘋狂時，國家的暴力性、對市場失靈的無能為力，甚至本身就是資源的掠奪者，我們應該用甚麼樣的思維與態度來面對這個近代最具壟斷性與強制性的組織？這就是本文企圖回答的問題。

關鍵詞：國家經濟角色、契約論、掠奪論、市場失靈、暴力潛能、政府失能

壹、概念與定義

甚麼是國家經濟角色（the economic role of state）？這並不是一個容易回答的問題。因為它涉及的議題龐雜、範圍寬廣，加上新世紀所面臨的政經結構變化，都讓國家的經濟角色在內涵與功能上面臨新的思考。國家的角色本身即是一個高度綜合的研究領域，它可以包含歷史、文化、政治、經濟、自然環境、國民情感共同歸屬與集體想像等範疇，因此在探討相關理論與概念時，自無法省略在概念上，先進行操作界定。

操作界定法（operational definition）是指，將任何科學的名詞或概念，在界定意義時，若未將認識此一名詞意義的操作程序（operations）同時標示出來，我們即不認為該一名詞或概念具有意義（meaningful）。操作界定法這一主張，不僅對於自然科學有影響，就是對於社會科學，也有相當影響。現代科學在進行經驗或實證研究時，要驗證所提出的假設（hypotheses），均得要將其所含概念能做操作界定，否則即無法進行研究。包含政治學在內的社會科學，在提出研究計畫時，均得要將所涉及的重要概念加以操作界定，並顯示出研究如何進行的過程，幾已成例行公式了 [1]。（袁頌西，2003：56-57）

近代西方思潮將政治學視為科學研究已有一段時間，那麼「科學」到底是甚麼？Thomas Kuhn 在他具影響力的著作 *The Structure of Science Revolutions* 裡，將科學中核心的概念——「常態科學」（normal science），做了這樣的定義：以過去的科學成就為基礎所從事的研究，而這些科學成就是某些特定的科學社群（scientific community）在某一段時期內，所認知到為進一步研究的基礎。（Kuhn, 1962: 10）而這些科學成就的具體表現為何？Kuhn 認為，某些著作（works）在某一特定時間中，隱約為其研究領域界定了合理的問題以及解決的方法，使後世的人得以遵循。這些著作之所以有此功能，乃是因為其有兩個本質上的特徵：第一，這些成就實屬空前，因此能從此科學活動的競爭模式中吸引一群擁護者；第二，這些著作同時充分地留有許多開放式

---

[1] 政治學研究方法與途徑的科學化，可從行為論（行為主義）與後行為論的相關理論做進一步的探討。

結論（open-ended）的問題，以俾讓後世研究者來解答。而具有這兩項特徵的科學成就（achievements），他稱之為「典範」（paradigm）。（Kuhn, 1962: 10-11）

一、典範與定義

嚴格來說，對於國家經濟角色的功能、概念與內涵探討，學界並未形成一個統一的共識。國際上雖然有諸多評量國家各項發展指標的機構，但是針對整體國家經濟角色系統的衡量仍不多見。如前所言，要回答甚麼是國家的經濟角色並不容易，這並不只因為「國家」這個概念本身所涵括的面相相當廣泛，更因為上世紀末到新世紀初，全球的政治環境與自由市場越來越複雜，使得國家的功能與角色受到越來越多的質疑與挑戰。也就是說，該領域的典範建立，仍在發展過程。

在特定科學社群中的學者，若要展開研究，無論該研究多專門，主要都由研究其典範入手。這是因為該科學社群的其他成員，都是經由相同的具體模式學習到這個領域的基礎。因此，他的後繼研究，因為具有相同的基礎而鮮少引起公開的異議。因為研究者共享了相同的典範，故能信守相同的研究規則與標準。這種信守的態度與明顯的一致性，是常態科學、也就是某一特定的研究傳統起源與延續的先決條件（prerequisites）。（Kuhn, 1962: 11）

在科學中，典範很少被當作重複適用的範例，反而像是習慣法（common law）當中的被接受司法判例一樣，是在面臨新的或更為嚴苛的條件時，進一步精煉與釐清的對象。要理解這個意義，我們必須理解典範在初出現時，其所應用的範圍與精確度是極為有限的。典範之所以能夠成為典範，乃是因為它比其他的競爭理論，更能成功的解決一些問題，而這些問題是研究者們認為最緊要的。（Kuhn, 1962: 23-24）

因此，若要對國家的經濟角色加以精煉與釐清，我們有必要先界定其相關的概念與標準。如同 Kuhn 所指出的：在科學事實的調查當中只有三個焦點，而它們當中並無永久性的分野。第一類事實是，那些由典範所呈現出來的、有助於我們了解事物本質的各類事實。透過使用這些事實來解決問題，

典範讓二件事變得十分值得：精確地界定這些事實，以及它們在各種狀況下的變化。設法增進這些事實的精準度與廣度，為人所知地在實驗與觀察科學的文獻中，占有相當重要的比例。有些科學家享有及獲致極大聲譽，並非他們的發現有多新奇，而是在他們開發出來的研究模式，用來重新界定以為人知的一些事實時，能夠展現更高的精確度、可靠度與範圍。第二類常見且次要的事實界定活動，本身雖然沒有重大價值，但可以跟典範理論所預測的事實直接比較。第三類實驗與觀察活動，是常態科學中最後一種收集事實（fact-gathering activities）的活動。它包含精煉典範理論的實驗工作，解決理論中仍然曖昧不明之處，解答以前被注意但尚未深入研究的問題，這是最重要的一類活動。（Kuhn, 1962: 25-27）由於篇幅限制，本文僅選擇部分學派的觀察，進行「國家與自由市場關係」的探討。

二、古典經濟學下的國家角色

傳統經濟學當中，現代西方的經濟制度被視為一種理所當然的存在，在建立經濟模型時，一些自由市場的前提：如明確界定的產權、完備的信息和無摩擦交易都被視為暗含的假設，企業被縮減為生產函數的同義詞，除市場之外的制度安排沒有考慮的必要，換句話說，政府的角色被極小化，長期以來人們已經習慣將政府視作一種市場的補充角色，國家與政策對市場的干預只能限於古典環境因受侵犯而導致失場失靈時才被允許施行。從最純粹的觀點來看，一個完全的市場是一個自組織體，沒有層級結構與垂直的指揮系統，透過利益、需求、供給、分工、產權、交換、價格與競爭等八個要素相互作用而形成，在個人利益導向下，以分工和產品具有明確歸屬（產權明晰）為條件，在交換過程中通過供求變化、價格漲落、自由競爭自動調節經濟過程的一個客觀機制。（周青，2001：41-43）事實上，由於信息總是不完整的，而市場競爭也總是不完全的，這代表著市場在本質上就不是完全有效率的，（Stiglitz, 1989: 38）這代表市場失靈無法避免，於是政府干預的體制總是存在必要性因素。國家主要角色之一就是對市場失靈的糾正。藉由強制力（政府最主要的特質），如課稅權、禁止與排斥權、懲戒權以及交易成本的控管。（Stiglitz, 1989: 42-44）

在新古典國家理論的領域中，經濟學的概念被大量使用與理解。曾有學者言之，經濟學最大的優點是將複雜世界用簡單、抽象的語言進行概括，經濟學家一般也固執地相信：他們在抽象世界所運用的工具與方法，可以有效推及到政治學與社會學分析中。（蘇長和，2007：129）從資源分配的角度來看，政府是所有權力的最終點，高於其他團體的權力讓國家的經濟角色具有某種程度的價值性。

貳、國家是理性還是瘋狂？經濟角色的分配與暴力

一、國家的理性

（一）市場失靈的補救者：提供公共財

在經濟學中，政府所提供的集體或共同利益稱作公共財（public or collective goods）。公共財定義是：在由 X1，…Xi，…Xn 等人組成的團體中，若一財貨經其中一個體 Xi 消費，便無法排除團體中他人的消費。（Olson, 1975: 14）而制度的產生與運用——無論是市場的還是非市場的——都可以提供有用的服務。與其他服務一樣，制度性服務的獲得要支付一定的費用，用最少費用提供給定量服務的制度安排，將是合乎理想的制度安排。從某種現行制度安排轉變到另一種不同制度安排的過程，是一種費用昂貴的過程；除非轉變到新制度安排的個人淨收益超過制度變遷的費用，否則就不會發生自發的制度變遷，而制度安排一旦被創新就會成為公共貨品。在社會所有制度中，政府是最重要的一個，政府可以採取行動來矯正制度供給不足，在理性的狀況之下，政府只有在收益高過支付費用時才會建立新制度。（林毅夫，1994：373-374）由於公共財的特性，會產生所謂的白搭便車者（free riders），即在消費公共財的時候，並沒有辦法隔絕不付費的消費者，基於這個特性，國家所提供最基本的服務，如國防、警力保護、法律與秩序系統是普及於國民全體的。與自由競爭市場不同，使用者付費的定律並不存在這些基本服務的系統當中，對於特定未繳納應付額者，國家無法拒絕提供這些未付費者在軍警與法律上的保護。

如前所言，由於某些財貨與勞務本質上即具有一種特性：當團體中有一個成員得到它時，其他所有人都可以分享。這類型的勞務本質上即不適合市場機制，同時只有每個人都被迫負擔自己應分攤額時，才得以實現。顯而易見的，大量的政府服務即屬於此類型，所以它們對自由造成限制，並且將以武力為後盾的集體決定取代了個人自由意志的決定。

國家之所以得以彌補市場失靈，是因其強制力、並對個人的經濟自由形成限制，同時也是因為其所供應的服務具有公共財的性質。那麼當國家所提供的服務不具公共財特性，是否就不會對私人的經濟領域形成侵入？學者 Olson 用了一個簡單的例子回答這個問題：假如政府決定組織大眾公司來製造某些產品，不必然會減損人民的經濟自由；顧客向政府大眾公司購買東西，不一定比向私人公司購買東西更減少自由。也就是說，政府提供公共財時，它會限制人民的經濟自由；但是當政府生產通常由私人公司製造的非集體貨物時則不必然。既然國家通常會壟斷主要的暴力工具與手段，那麼很典型地，它們便有權力任意對人民的經濟自由加以限制。不過，若認為所有政府部門的成長將降低經濟的自由，是對於「公共財的提供」與「強制力的產生」兩者之間的邏輯未加以連結，經濟自由受限的關鍵，主要是決定於所提供的物品本身是否具有公共財的性質，而不是提供者在制度上是屬於公共部門或是私人單位，（Olson, 1975: 96）如果國家所提供的是非公共財的物品（如水與電力），則不必然會對人民的經濟自由形成限制。

（二）最大效用的保護者：契約關係與完全競爭

新古典國家理論學者 Douglass C. North 曾指出：一個以將財富（wealth）或效用（utility）極大化的統治者為中心的國家，在本質上具有三點特性：第一，國家提供一組服務（我們稱之為保護與公平），以換取租金收入；第二，國家試圖採取一種歧視性壟斷者（discriminating monopolist）的行為，將國民區分為各個集團，並為每個集團策劃財產權，俾使國家收入極大化；第三，國家會受制於國民的機會成本，這是因為它會一直面臨能提供同樣服務的潛在競爭者。（North, 1981: 23）這個觀點對於國家的存在衍伸出兩種解釋：契約論（contract theory）與掠奪論（predatory theory）。前者是交換定理在邏輯上

的延伸，政府在其中扮演著使社會福利極大化的角色，由於契約限定了每個人關於其他人的活動，而這對經濟成長來說是十分重要的，同時也解釋了有效率的財產權之發展，是有助於促進經濟成長的；掠奪論的觀點認為政府是某一集團或階級的代理者，它的作用是代表該集團或階級的利益向其他國民榨取所得。這種政府會制定一套財產權，使權力集團的收入極大化而無視於其對社會整體財富的影響。（North, 1981: 21-22）

這兩個理論相當程度詮釋了國家的經濟角色，而其中的差異，在於暴力潛能（violence potential）分發的平等與否。契約論假定民眾間暴力潛能的分配是平等的，而掠奪論則假設分配是不平等的；掠奪型國家的邊界止於其暴力所能到達的物理邊界，而契約型國家的邊界則止於其關係性合約所能達到的任何可能邊界。（蘇長和，2007：140）但有一點值得注意：兩者並非全然不同的理論，它們都假設國家是一種暴力潛能的組織型態，也可能是對於人民的經濟活動最具影響力的組織型態。此外在契約論中，國家既是在每份契約中扮演第三者，又是強制力的最終來源，但它卻未解釋不同利益的成員隨後將利益極大化的行為；掠奪論則忽略了最初契約簽定的利益而僅聚焦於國家從人民身上榨取租金的行為。

（三）資源分配的提供者：市場發展的保障

普遍性的認為，國家是最適合在市場上扮演定義與保護權的超然第三者，使得市場上的行為者可以克服交易成本以求效益的極大化，在市場發展上扮演正面的角色，促進經濟成長。前述 North 與 Olson 的論點顯示了一些相似之處：第一，大致都從簡約的兩分法角度，從委託——代理關係意義上將國家類型分為法治國家與專制國家兩類；第二，國家職能在於界定並實施有效產權，為公民提供安全與公正；第三，國家壟斷暴力，盡力攫取租金的最大化，可能情況下會接管或者沒收財產，因此，設計有效的憲政制度（集體行動機制）防止統治者走向專制，是政治社會的核心問題。（蘇長和，2007：132）

在當國家扮演資源分配者時，根據 Putterman 的定義，當國家被視作一個經濟體系時，其是否符合民眾期望，可由五個標準來加以衡量：

第一、供應人們基本的物質需求：經濟體系基本的定義之一，就是藉由一連串行為來讓人們得以達到供給與需求的目的。其滿足人們物質需求的能力則往往與我們所希冀的完善福利指標、國民生產毛額人均值等緊緊相扣。然而，當我們將「基本物質需求的滿足」視作衡量指標時，不應解讀為人有接受社會整體無條件地照顧之意；較好的說法是：衡量經濟體系的指標應視其能否提供或擔保人人皆有機會和管道來滿足自己的需求。

第二、經濟成果的公平分配：在經濟體系中的評斷標準中，公正（equity）比起平等（equality）要來的更受重視。對於經濟體系，人們並不期望收入的完全均等化；反而廣泛地要求在各項社會與經濟的制度內達到公正、公平的目標，像是機會的均等、同工同酬等。「公正」應被視作一種具體、明確的社會性概念，在特定的社會中，只能透過社會自身的成員來執行。

第三、分配的效能：實際上，人們直覺上將「分配效能」概念地濃縮成一種觀點：完全的平等。這種觀點受重視的程度，往往還高於節約資源促進人民福祉、恰當有效地結合人力、各適其職以發揮最佳產能、在耗盡資源前優先考慮互惠的交易行為等標準。關於效能的概念，時常造成人們的誤解，首先它並非一個「只論成果不計方法」的概念，效能不必然代表增延沉悶單調的勞役工時、削弱勞工的自治組織與尊嚴、強調理性而無人情味的生活。此外，「效能」與「避免浪費」常呈現糾纏、彼此混淆的情況，然而，與其說效能法則是「竭盡所能地避免浪費」，毋寧說它是「集結一切努力避免浪費，較之這些行為本身的無用性，更能得到益處」。值得注意的是，為了將社會福利極大化，將各項交換行為中所產生的損失降到最低限度是必須被第一優先考量的；易言之，「某些人滿意」但「沒有人不滿意」的前提下，最適效用才可能被達成。

第四、滿足社會與精神需求的作用：前述的衡量指標可能使吾人將注意力集中在經濟體系提供物質需求的功能上，例如食物、居所等，但這些並非經濟體系所應提供給其成員的全部內涵。然而對於社會與精神層次需求的列舉甚至是認定上，將難以避免地導致本質上的爭論。為何將「社會與精神需求」與「物質需求」分列討論？這是否包含了某種隱喻？根據 Putterman 的定義，經濟行為的首要目標是滿足物質需求，而社會成員與社群特質能夠透

過經濟性的協議，對於心理與精神層次的康寧與福利，必須在同樣的架構下被檢視。「人不能僅靠麵包存活」，經濟制度的演化往往是為了保障或創造有價值的社會制度與權利。人的自身價值、歸屬感或意志可能是平等生活的關鍵，在某些觀念中甚至是生存的能力之一。

第五、管理與發展的能力：難以避免地，經濟體系會對自然環境、資本、科技知識等方面對未來世代形成衝擊。若研究者重視後代的福祉與今人的將來，衡量經濟體系的基本指標必然涵括對管理環境、資本增值、科技變遷的重視，並強調長期與功能性的觀點。（Putterrman, 1990: 42-50）

二、國家的瘋狂

（一）暴力是必要性的邪惡？

以經濟理論來探究國家與政治問題已經行之有年。以新古典經濟理論為例，它提供了一種理性選擇模型，對國家行為研究提供一套推理完整與邏輯一致的研究方法。而從經濟史的觀點來看，國家所扮演的角色是相當矛盾的：國家的存在對經濟成長十分重要，一方面卻也是人為因素導致經濟衰敗的來源。在 North 的理論中，國家是一種「在暴力方面具有比較優勢的組織」（an organization with a comparative advantage in violence），（North, 1981: 21）其涵蓋的地理範圍，是以其對國民徵稅權力為界線。舉財產權為例，財產權是一種在本質上具有排他性之權利，一個在暴力上具有比較優勢的組織，則有界定與執行財產權的地位。由於財產權結構通過規定個體行動方式、範圍以及交易形式從而影響經濟行為，其變化可以改變經濟績效並導致經濟增長或者衰退。每次交易都會涉及契約（正式或者非正式），所有的交易都被定義為一種契約關係，而整個政治經濟生活就是一個多邊關係性合約系統。合約是為了解決資訊不對稱以及行為者機會主義問題，合約可能是正式的，具有法律效力，也可能是非正式的，建立在人們的社會期待之上。（蘇長和，2007：130）

國家正是將這種契約概念予以實體化的顯例，國家所提供的基本服務是根本性的遊戲規則，這些規則或演變為不成文習慣，或演變為訴諸文字的成

文憲法,但無論以何種型態出現,它們都有兩個主要的目標:一是,界定競爭與合作的基本規則,以形成財產權的結構,俾而使統治者的租金極大化;二是,在第一個目標的架構中降低交易成本而讓社會產出最大化,為的是增加國家的稅收。第二個目標之下,將形成一套公共或半公共產品或服務的供給,這些供給為的是降低界定、協議與執行契約的成本——而契約正是經濟交換的基礎。(North, 1981: 24)就此來看,國家雖然極可能是一種「必要之惡」,甚至形成種種的災難與迫害,卻對經濟進步有一定的必要性,因為幾乎「任何一套規則都比沒有規則來的好」(any set of rules is better than none)。

(二)對市場失靈的無能為力

自由市場與資本主義最根本的論點,在於一個處於完全競爭、沒有外力介入的條件下的市場,會自動達到最適分配與效益的極大化,而這個觀點在新世紀受到了挑戰,尤其是針對分配不均的撻伐。十九世紀下半葉開始直至今日,一個居於主宰地位的理論稱為「邊際生產力理論」(marginal productivity theory);那些生產力較高的人轉取較高的收入,這點反映出他們對於社會有較高貢獻。競爭市場透過供需法則,決定了每個人所貢獻的價值。在原始農業經濟(agricultural economy)中,體力與耐力是重要因素;在高科技社會中,腦力比較重要。科技與稀缺性(scarcity),透過一般的供需法則,在今日的分配不均當中扮演某種角色,政治力對分配不均所產生的影響,跟經濟力量所產生的影響不相上下。在現代經濟,政府會設定與執行遊戲規則——甚麼是公平競爭(fair competition),甚麼行為會被視作反競爭(anticompetitive)且違法,政府也會給予資源(公開地與不透明地都有),透過財稅和社會支出調整所得分配,而這些所得正是來自於由科技與政治所塑造的市場。(Stiglitz, 2012: 30)

在二十一世紀,資本主義與金融市場越來越複雜,國家的功能與角色面臨更多質疑與挑戰,即使是主張國家應積極介入經濟管理的學者也認知到這一點。舉例來說,具有相當穩定市場功能的央行,雖然在 2008 年的金融海嘯阻止了最慘的結果,但並沒有對可能引發危機的結構性問題,包括極度缺乏財政透明度、不平等日漸嚴重等提出長久的對策。而 2008 年的金融危機,

不太可能是最後一次危機（Piketty, 2014: 463）事實上這派學者直接指出，沒有任何理由足以讓人堅信經濟成長可以自動維持平衡。（Piketty, 2014: 22）

　　雖然新世紀資本主義的發展令人失望，甚至猜疑（尤其是金融市場），但這並不代表人們有能力塑造一個完全的取代機制來分配資源，即使是國家也不行。縱然普遍性的經濟衰退、大蕭條的影響，以及市場失靈的陰影揮之不去，資本主義仍在全世界的政治經濟體制，占有舉足輕重的角色。如 Krugman 所說，1917 年以來，我們所處的世界開始將財產權與自由市場視作根本法則，而非權宜之計。而其所帶來令人不悅的面向：分配不均、失業、不正義等，也被接納為生活的一部分。資本主義十分安全，不只是因為它的成功，也因為沒有人有其他可行的選擇。情形不可能永遠這樣，將來必定會出現其他的意識形態與夢想，而且如果目前的經濟危機持續與加深下去，這些意識形態與夢想會更快出現。但現在，資本主義仍然在全世界立於不敗之地。（Krugman, 2009: 14）換句話說，市場失靈無法完全避免；而國家的功能再如何受到質疑，也沒有其他的角色或機構能針對市場失靈做出補救。

　　近代針對市場失靈的惡化（如果我們從幾次規模龐大的金融危機來看的話），讓政府的功能面臨更多檢驗與批評。雖然政府從來沒有完美的矯正市場失靈，但是某些國家的政府做得比其他國家好。如果政府能矯正市場失靈中最重要的部分，經濟才有可能繁榮起來。良好的金融規範（financial regulation），幫助美國以及全世界在經濟大蕭條後的四十年內得以避開重大危機。從這個角度來看，國家的積極意義無法忽略，在 Stiglit 的觀察中，美國政府 1980 年代的解除管制，在後來的三十年內造成了無數的金融危機，而其中以 2008 到 2009 年的危機最為嚴重。但政府失能（government failures）並非意外：金融業運用政治勢力（political muscle）以確保市場失靈不會受到矯正，以及這個部門的私人報酬持續高出他們的社會貢獻。（Stiglitz, 2012: 34）這個論點涉及到另一個令人詬病的現象：政府對市場失靈的無能為力，除了經濟角色的能力不足以因應新世紀日益複雜的資本主義結構之外，還有為特定階級與團體服務的資源掠奪行為。而這種掠奪行為藉由國家壟斷性強制力的本質，讓自由市場分配不均的情形益加惡化。這一點將在下一段作進一步的討論。

（三）資源掠奪：分配不均的幫兇

如前所言，當國家採取一種歧視性壟斷者（discriminating monopolist）的行為時，會將國民區分為各個集團，並為每個集團策劃財產權，其目的是讓國家收入極大化，而當政府是某一集團或階級的代理者，它的作用是代表該集團或階級的利益向其他國民榨取所得。這種政府會制定一套財產權，使權力集團的收入極大化而無視於其對社會整體財富的影響。更嚴重的情形是，國家本身就是掠奪階級。通常吾人認為：民主法治國家由於有權力分立的設計及憲政體制對人權的保障，國家在採取資源掠奪的不義行為時，會受到監督與制衡。

國家藉由提供市場上所需的制度服務以提高稅收，事實上卻受到兩個因素的限制：一是政治競爭逼使國家的上層菁英需要特別眷顧對他們維繫政權有關鍵作用的一部分社會群體，而這群人的利益往往是與社會全體利益不一致的；二是國家的上層菁英在執行政策時會受到他們對基層官僚監督能力的限制，當監督成本過高時，他們不一定會選擇對市場發展最適的政策。菁英（elite）的地位使他們能夠超越普通人的普通環境；他們所處的位置使他們可以做出有嚴重後果的決定。他們指導著現代社會主要的等級制度和組織結構：統轄著大公司，操縱著國家機器並擁有各種特權。（Mills, 1956: 3-4）這種權勢人物（the influential），是得以從可取之處得益最多的人。所謂的益處，大致上可以分為敬意（deference）、收入（income）與安全（safety）。得益最多者為菁英，其餘的是群眾。（Lasswell, 1971: 13）

Stiglitz 在針對不均的研究中，指出政府扮演了甚麼樣的角色。他認為市場的力量會影響分配不均的程度，而政府政策則影響了市場的力量。今日許多存在的分配不均，是政府執行政策的結果，包含政府有做與沒有做的事情。政府有權力將金錢從頂層移到中層與底層，或是反向而行。（Stiglitz, 2012: 28）就如前所言，在現代的市場經濟，政府會設定與執行遊戲規則：甚麼是公平競爭（fair competition），甚麼行為會被視作反競爭（anticompetitive）且違法。Stiglitz 針對美國政府執行政策功能的方式，指出一個情形：政府針對一些領域——如金融資本與人力資本的天賦分配（distribution of endowments）——都會有細微的決定以有利某些群體、不利某些群體。每個決定所造成的影響可很小，但加總起來對頂層所形成的利益可能十分可觀。（Stiglitz, 2012: 31）在政府的失能上，他對於美國政府提出相當嚴厲的批評。他指出：在工會力量、企業治理效能以及貨幣政策執行等領域上，政治是核心角色。但在今日，美國非但沒有利用市場力量和政治平衡的方式，也就是在市場力量可能導致差距擴大的時期，透過政治過程來抑制分配不均的增加，或是政府出手緩和市場過度的行為，反而是讓這兩者一起運作，來擴大所得與財富的差距。（Stiglitz, 2012: 38-39）

參、與政治相關探討

在近代西方思潮，良好的政治環境與經濟成長有著密不可分的關係。林毅夫指出，對一個民族的經濟增長來說，政府的政策比民族的文化素質來的更為重要。由於政府提供的是經濟剩餘賴以建立的秩序構架，而如果沒有由政府提供的這種秩序穩定性，理性行為也不可能發生。那麼，明智的政府和不明智的政府的區別是甚麼呢？林毅夫認為答案或許在於「政府如何引導個人激勵」。因為個人總是在尋找使他自己獲得好處的機會，然而為了一個經濟的發展，有必要冒超一般化的風險，去建立一種鼓勵個人生動活潑地尋求並創造新的可獲利的生產收入流的系統，和一種允許用時間、努力和金錢進行投資並讓個人收穫他應得好處的系統。具有這種特徵的制度安排——更確切的說，在產品、生產要素和思想方面清楚界定並良好執行的產權系統——本來就是公共貨品。（林毅夫，1994：402-403）沒有政府一心一意的支持，社會上不會存在這樣的制度安排，而僅能由國家勝任。國家在現代化的進程中，經濟的開放與發展，將會要求市場的正常化及自主化，對政府的需求，就是減少干預並增加其規則性及其可計算性，而這將會提高對獨立官僚體制的要求。伴隨現代化而來的繁榮進步，社會各團體為其維護利益，對政治參與與擁有政治代表性的要求也將隨之提高，政治菁英既要維持在政治權力上一定的壟斷性與代表性；而在民主浪潮的沖刷下，爭取民意支持乃為大勢所趨，這些都將是政治菁英在政治發展中，不得不面臨的挑戰。

一、聯合式民主的利與弊

　　毫無疑問的，政治穩定對於經濟發展有關鍵性的影響。自由市場需要透明的資訊交換與健全的產權維護系統才能順利運行，這正是國家經濟角色最基礎的設定之一：私產制度的保障與交易秩序的維護。從這個邏輯所產生的根基，同時也是形成民主社會的必要條件。民主社會無法避免常態性的政治權力競爭，而競爭對穩定則會形成威脅。Lijphart 在他的研究中指出，對抗型態（adversarial type）十分適用於同質（homogeneous）社會，因為競爭者的賭注並不大。然而在多元社會中，政治賭注通常較高，而這常會使整個政治競爭的賽局（game）調性由刺激轉為焦慮。因此一個較好的建議是，在多元社會中，不要將政治當作一個賽局，反而是以大聯盟來取代「執政－反對」模式，會更恰當。從某一方面來說，全體公民間廣泛的意見一致，似乎比簡單的多數統治更加民主。大多數的民主憲法皆設法解決此一困境：對於被預測為賭注不高的正常交易往來採用多數決；而對於至為關鍵的決定（most vital decisions），例如制憲或修憲，則採取額外多數決定或數個多數決定的方式來進行。但是在一個人口區塊明顯分隔、且具有潛在敵意的政治系統中，幾乎所有的決定都被視為伴隨著龐大的賭注，而嚴格的多數統治將對系統的團結與和平產生壓力。（Lijphart, 1977: 7-28）Lijphart 提及，相對溫和的大聯盟（grand coalition），在重大關鍵的議題，或是政治賭注較高的狀況之下，是一個可以理解的的應對形式。在應對重大的國內、外危機時，即使是在同質性高的國家，大聯盟也可能被當成暫時性的對策。如英國與瑞典就在二戰時訴諸大聯合內閣。Juliuus Nyerere 也主張，在危機時期，政治反對黨（political opposition）是有害的。當然，在多元社會當中，「危機」是這種社會的本質，比起暫時性的緊急對策，大聯盟更須被訴諸於一種長期性的模式。（Lijphart, 1977: 28-29）

　　然而這種制度並非沒有缺點。對聯合民主最嚴肅與根本的批評，可能並非其不民主的特質，而是在於它對於維持政治穩定的潛在無效性。它的若干特徵可能導致無決斷力與缺乏效率：(1) 大聯盟整成的政府意謂著緩慢的決策；(2) 相互否決所隱含的進一步的危險性：完全癱瘓的決策；(3) 比例原則

做為徵召公職的一項準則，導致隸屬於特定區塊的成員分身，比起個人的專長有更高的優先性，並以犧牲行政效率為代價；(4) 區塊自治依其字面意義相關知識所費不貲：其要求政府與行政單位數量的倍增、以及為不同的區塊設立為數龐大的各個機構，使得聯合民主成為一種昂貴的政府類型。而當中最嚴重的問題，在於行動力的癱瘓。（Lijphart, 1977: 50-51）

二、市場成員或指導者？

國家擁有提供公共財的能力（尤其是軍警與司法系統的保護與服務），是因為本身的強制性與暴力性，那麼國家本身的經濟角色為何？它可以扮演自由經濟市場體中的一員，或是因本身的權力性質而對經濟自由造成妨礙嗎？對於這點，Mancur Olson 提出「潛在團體」（latent groups）的概念來加以解釋。（Olson, 1975: 94）潛在團體是一存在於非市場情形（nonmarket situation）下，而且非常巨大的團體。它有一項特色：不論團體成員有沒有為公共財的提供盡一己之力，皆不會明顯地影響到團體中的其他成員，也因此其他成員沒有理由對抗這種行為。故由定義可得知，潛在團體中的個人不會對團體的目標作出明顯貢獻，而且因為沒有團體成員會對個人的無貢獻作出反應，個人便沒有出力的動機，因此，潛在團體並沒有生產公共財的誘因。不過這不代表潛在團體的成員在理性上（rational）毫無為團體目標努力的可能，當個別與選擇性（separate and selective）的誘因出現時，便會激發理性的個人（rational individual）為團體目標努力的行為。誘因必須具選擇性，如此才能讓那些不參與為團體利益努力的組織者，與加入為團體利益努力的組織者得到不同的待遇。這些選擇性誘因可以是負面的懲罰與強制性措施，也可以是正面的激勵性誘因。大團體之所以被稱為潛在性團體，乃由於它們有潛在的行動權力或能力（latent power or capacity），但這種潛在能力只能透過選擇性誘因才能得以實現或動員。（Olson, 1975: 50-51）

另外一種角度是強調國家對市場的領導。在 Piketty 研究中，使用了相當的歷史數據呈現國家的財政成長與社會功能的關係。他認為要評估政府在經濟和社會中的成長，最簡單的方式是看稅課總收入和國民所得的關係。他對四個富有國家（美國、英國、瑞典、法國）從 1870 年到 2010 年的稅課總收入

占國民所得的比率，進行了觀察。十九世紀的政府達成「統治」之後就會很滿意，但今天同樣的「統治」只耗用了低於十分之一的國民所得。如果將國家在醫療、教育上的支出與替代所得、移轉性支付加總起來，廣義來說些社會總支出占國民所得的 25% 到 35%，大約等於二十世紀富裕國家政府收入增加占比。換句話說，二十世紀財政國家的成長，大致上反映了社會國家的建構[2]。（Piketty, 2014: 465-468）

各國政府對於經濟發展所扮演的角色中，日本的經濟成長是一個重要的例子。許多人表示，日本已經找到更好的經濟管理方式。基本上，相關的看法分成兩派。一派的解釋是：日本的成長源於良好的基礎，而當中最重要的是卓越的基礎教育以及高儲蓄率；另一派則說日本已經發展出一套根本性相異的經濟系統，一種更新、更優異的資本主義形式。於是對於日本的討論，也變成了對經濟哲學的討論，以及西方整體經濟思想的效度（the validity of Western economic thought），特別是自由市場的優缺點。卓越的日本制度當中，其中一項因素來自於政府的指導。在 50 與 60 年代，日本政府在指導經濟上扮演強大的角色。經濟成長至少有一部分是來自政府的策略。因為銀行貸款與進口許可，大多流向政府偏愛的產業與企業。日本公司（Japan Inc.）的形象，也就是集權指揮經濟（centrally directed economy），致力要主宰全球市場，到了 1990 年代仍深具影響力。日本政府可以鎖定策略性產業（strategic industries），以做為成長的引擎。民間部門被指導進入這些產業，並接受政府的協助，在初期時受到保護、不受外來競爭的威脅。在這段期間內，產業得以在國內市場發展技能，接著便能開始大舉出口，並且能夠不計利潤，只求建立市場占有率、逼退外國競爭對手。最終，稱霸整個產業的大勢底定。（Krugman, 2009: 58-60）

目前的危機中，關於各國是否「回歸國家力量」，應該很清楚只是個誤導，因為政府的角色已經到了空前龐大的地步。國家收稅不只是為了應付支出而已，也會藉著制定規則來進行干預。從稅課與政府支出的角度來看，國

---

[2] 他使用「社會國家」一詞來取代「福利國家」，因為他認為前者比起後者更能掌握國家任務的本質與多樣性。（Piketty, 2014: 627）

家在經濟上所扮演的角色從未如同最近數十年來這麼的重要。主張國家發揮
積極功能的學者 Piketty 認為，在面對大蕭條、二次大戰和戰後重建的情況
下，認為要解決資本主義問題必須盡量擴大國家角色、增加社會福利支出的
想法其實很合理。（Piketty, 2014: 466）然而國家是否能良好的扮演好這個角
色，顯然有更多問題要面對。

參考書目

外文文獻

Krugman, P. (2009). *The Return of Depression and the Crisis of 2008*. New York: W. W. Norton & Company.

Krugman, P., Obstfeld, M. & Melitz, M. J. (2012). *International Economics: Theory & Policy*. Boston: Pearson.

Kuhn, T. S. (1962). *The Structure of Science Revolutions*. Chicago: The University of Chicago Press.

Lasswell, H. D. (1971). *Politics: Who gets What, When, How*. Taipei: 虹橋 .

Lijphart, A. (1977). *Democracy in Plural Society: A Comparative Exploration*. New Havan: Yale University Press.

Mills, C. W. (1956). *The Power Elite*. London: Oxford University Press.

North, D. C. (1981). *Structure and Change in Economic History*. New York: W. W. Norton.

Olson, M. (1975). *The Logic of Collective Action: Public Goods and the Theory of Groups*. Cambridge: Harvard University.

Putterman, L. (1990). *Division of Labor and Welfare:an Introduction to Economic Systems*. New York: Oxford.

Stiglitz, J. E. (2012). *The Price of Inequality*. New York: W. W. Norton & Company.

Stiglitz, J. E. et al. (1989). *The Economic Role of the State*, edited by Arnold Heertje. Oxford: Basil Blackwell.

中文文獻

周青（2001），**市場經濟下的政府經濟職能**。廈門：廈門大學。

林毅夫（1994），關於制度變遷的經濟學理論：誘致性變遷與強制性變遷，收於劉守英等譯，**財產權利與制度變遷：產權學派與新制度學派譯文集**，頁 371-440。上海：人民。

袁頌西（2003），**當代政治研究：方法與理論探微**。臺北：時英。

詹文碩、陳以禮譯（2014），Thomas Piketty 著，二十一世紀資本論（Le Capital au XXIe siècle）。新北市：衛城。（原著出版年：2013）。

蘇長和（2007），合約、國家理論與世界秩序——自由制度主義的外交理念與世界政治主張，**國際問題論壇**，47，128-143。

多元文化進程：安東尼奧‧葛蘭西的文化霸權

黃馨慧[1]、陳偉杰[2]

國立臺灣師範大學國際與社會科學學院助理教授[1]、
開南大學通識教育中心助理教授兼兩岸人才培育中心主任[2]

摘要

　　文化霸權，或稱「文化領導權」、「領導權」，十九世紀之後，被廣泛用來指一個國家對另一個國家的政治支配或控制。到了葛蘭西，被用來描述社會各個階級之間的支配關係。但這種支配或統治關係並不局限於直接的政治控制，而是試圖成為更為普遍性的支配，包括特定的觀看世界、人類特性及關係的方式。西方國家正把文化霸權做為一種可以操作的政治資源，有意識、有目的做為實現國家利益的一種特殊工具予以運用，並通過制定和實施文化戰略去實現對外政策目標。本文以探討葛蘭西「文化霸權」為核心，論析資本主義社會中，國家的社會功能與價值，透過市民社會理論，藉以明瞭葛蘭西的文化霸權概念，在資本主義社會發展中的真正意涵。

關鍵詞：葛蘭西、文化霸權、市民社會

壹、問題意識

　　全球化的潮流所激發的問題多種多樣，「文化霸權」是值得深入分析的問題。許多學者曾經定義「文化霸權」是居於全球化趨勢中心位置的國家，憑藉其政治經濟上的優勢，將其特殊的文化價值理念，向其他邊緣國家擴散而成為普世價值的一種發展趨勢。所謂「霸權」的觀念可以上溯到列寧（Vladimir Lenin, 1870-1924）對「霸權」的批判。安東尼奧 • 葛蘭西（Antonio Gramsci, 1891-1937）的《獄中雜記》提出文化戰場中有兩種形態的戰爭：游擊戰和陣地戰。他比較清楚地觸及「文化霸權」這個問題，但是由於時代局限性，他沒有將「文化霸權」一詞放在全球脈絡裡考量。然而葛蘭西的霸權理論在多個人文及社會科學都產生極為重要的影響，其首先提出「霸權」（Hegemony）的概念，幫助我們分析國家權力如何形成；了解文化如何鞏固不平等的社會關係；思考反抗社會宰制的可能策略。對文化霸權的分析，使我們注意到文化及意識形態的重要作用。根據傳統馬克思主義的講法，文化及意識形態是屬於上層結構的部分，它是受經濟結構所決定，對歷史發展是無甚重要性的。然而葛蘭西卻指出文化霸權決定了統治權力的維持。由於文化領域的重要性，它成了敵對政治力量的角力場所，抗爭的結果影響了歷史的發展。雖然葛蘭西不否定經濟及其他客觀的結構因素的影響，然而他不認為它們能決定文化及意識形態領域鬥爭的結果，因為策略的使用亦甚為重要。因此，反抗者必須小心思考誰是主要敵人，誰是可以爭取合作的朋友，以及如何通過文化吸納改造而擴大反抗力量。

　　因此本文以探討葛蘭西「文化霸權」為核心，說明文化霸權三個核心概念：市民社會、領導權、知識分子存在的意涵。旨在論析資本主義社會中，國家的社會功能與價值，藉以明瞭葛蘭西的文化霸權概念，在資本主義社會發展中的真正的影響。

貳、安東尼奧‧葛蘭西生平

安東尼奧 ‧ 葛蘭西（義大利語：Antonio Gramsci；1891 年 1 月 23 日 - 1937 年 4 月 27 日）是義大利共產主義思想家、也是義大利共產黨創始者和領導人之一。出生在貧瘠的撒丁島上一個中下層階級的家庭，1911 年獲得都靈大學的獎學金。在那裡受到義大利唯心主義哲學家貝奈戴托‧柯羅齊的著作的影響。在都靈工人階級運動的感召下，他在 1913 年參加了義大利社會黨（PSI），並且開始為社會主義報刊撰稿。他對於落後的農民文化和工業城市的體驗，影響了他的觀點的形成，即認為在義大利從事任何社會主義革命，都要具備一種全民的觀點，並且必須使工人階級和農民結成聯盟。在他的作品中始終貫串著這樣的主題，即工人階級必須擺脫它的集團利益，同時必須強調文化和思想意識所具有的政治作用。葛蘭西歡呼十月革命的成功，認為這場革命是由社會群眾而不是由一些菁英人物所實現的社會變革的範例，他還認為這場革命說明在馬克思的《資本論》中所讀到的東西都已失效，因為這些東西可能提示人們革命要等到資本主義生產力和生產關係得到充分發展以後才能實現。在他的著作中，社會主義的社會變革被定義為民主管理的擴大。

1919 年，在葛蘭西的協助下，在都靈創辦了一個新的社會主義周刊——《新秩序報》。該報為當時正在迅速發展的工廠委員會運動進行鼓吹，以便把俄國革命的經驗教訓移植到義大利具體環境中來。在索列爾的那種認為生產領域可以為一種新文明提供基礎的思想的影響下，葛蘭西認為工廠委員會有助於把工人階級聯合起來，讓他們了解自己在生產和社會制度中的地位，並且在資產階級已經不能夠保證生產力發展的時期培養起工人階級為創造一個新社會和新型國家所需要的技能。摧毀舊社會和維持工人階級權力的唯一途徑是去著手建立一種新秩序。由此可見，葛蘭西關於領導權這一概念的根源，在這個時期就可以找到（布西—格魯克斯曼，1979：27）。這種新的工人階級機構是在這樣一種條件下產生的，即個人企業家作用的削弱，銀行和國家投資的增加，以及由於這些在政治、社會、經濟領域之間關係的變化所引起的自由民主制的危機。1920-1921 年間法西斯主義的進攻，導致葛蘭西對它的群眾基礎進行分析。他認為法西斯主義的群眾基礎是小資產階級中一些

有不滿情緒的階層，他們被大地主、一部分工業資產階級以及國家機器的成員當作工具來加以利用。他還認為法西斯主義可以給義大利國家的統一提供新的基礎，並且預言會發生政變，雖然他傾向於過高地估計新制度的脆弱性。

1921 年 1 月，在葛蘭西的幫助下建立了義大利共產黨（PCI）。1922-1924年間，葛蘭西先後在莫斯科和維也納為共產國際工作，當時正是共產國際內部出現了爭論的時候，爭論的問題是關於在蘇聯應當採取什麼樣的政策來建設社會主義，以及西文的社會黨人和新建立的共產黨之間的關係是什麼。由於在 1924 年被選入義大利議會，葛蘭西回到義大利，擔任黨的領導工作，致力於把義大利共產黨從其早期的宗派主義改造成為一個紮根於群眾運動的政黨而鬥爭。他於 1926 年 11 月被捕，並被判 20 多年的徒刑。他曾寫道，他在監獄中從事研究的出發點是為了對知識分子的政治功能進行考察。葛蘭西在獄中寫札記並從事各種專題的創作，這些作品受到監獄官的檢查，而且可利用的資料也零星不全，但他最後竟寫出了 34 本札記。由於他所作的每本札記都往往包含若干概念，深入到對某一個特別有爭論的問題和歷史事件進行探討，而且它們當中許多問題往往有好幾種說法，因此要對他在《獄中札記》里的思想進行編年的或分階段的描述，是不可能的。

參、葛蘭西「文化霸權」緣起

具有現代意義的「文化霸權」思想，最早可追溯自 1880 年代俄國的馬克思主義者，1883 年至 1884 年，俄國馬克思主義者 Georgii V. Plekhanov 提出了「文化霸權」的概念，直到 1926 年，葛蘭西在所寫的〈南方問題札記〉一文中，正式提出「文化霸權」的文字，而在《獄中札記》文章，葛蘭西詳細了他對「文化霸權」的概念。葛蘭西在《獄中札記》的「霸權」之所以被稱為「文化霸權」，主要原因在於葛蘭西將「上層結構文化領域」的自治和功效，當成政治問題來處理，並將之與社會秩序存亡問題相結合。換言之，葛蘭西的文化霸權指的是「政治侵入文化領域」，藉由「文化」而取得政治上的支配權或領導權。葛蘭西這種不拘泥於單純的經濟、政治等形式上意義所形成的「文化霸權」概念，主要是受到馬克思主義者列寧與克羅齊的影響。

　　史達林等共產理論者和共產第二國際所主張的理論模式被稱為「機械馬克思主義」（Mechanical Marxism）。所謂「機械」是指這一派堅信「歷史演進過程必會遵循規律性和必然法則」（Salamini, 1974: 361）。更具體的說，他們深信資本主義會因內部矛盾而導致無產階級革命，因此，轉為勞動階級主導的社會主義結構，這是一個命定的決定過程，像機械步驟一般，必然實現，至於人們主觀作為與社會持續或社會改變是否有關，則甚少受到注意（Bobbio, 1979: 29）。「機械馬克思主義」是從經濟決定論（economic determinism）觀點出發的過分化約的說法。在理論上，它既不能解釋西歐等資本主義的社會現況，也不能解釋蘇聯的革命模式。在西方國家，資本主義社會既未分裂成兩個極端仇視階級，勞工階級也未能成為革命的動力，反而融入資本主義的社會，而蘇聯的布爾什維克革命，則非中產階級與普羅大眾的衝突加大所致，因為蘇聯的社會並未達到資本主義的階段。因此，列寧對第二國際的經濟決定論提出質疑，並率先企圖修正「機械馬克思主義」的主張。列寧不同意資本主義「必然會滅亡」，也不認為上層結構（superstructures）「完全」由下層結構（basestructures）所決定。他意識到，任何社會的轉變或革命，是透過該社會的大眾「主觀」創造出來的意念和革命意識才能奏功（Salamini, 1974: 360），也就是說，包含人類各種文化意識活動的上層結構並非完全由下層結構所決定（張錦華，1994：70）。葛蘭西深受列寧《革命理論與實踐》的影響，認為「上層結構並非完全由下層結構所決定」。但葛蘭西並不認同列寧把資本主義看成帝國主義，把政體統治看做是高壓的政治控制，葛蘭西深深體認到，任何政體之所以能夠長治久安，絕非遂行政治控制及宰制（domination）而已（Salamini, 1974: 368）。葛蘭西認為，維繫一個社會體系有賴於贏得道德和智識上的共識（moral and intellectual consus），此一體認促使葛蘭西重新解釋社會形成、社會秩序維繫及變遷。另外，葛蘭西也深受義大利美學家克羅齊（Benedetto Croce）的影響，厭惡機械性馬克思主義論點僵化，轉而強調歷史變遷中倫理及政治（ethic-political）層面的影響。克羅齊認為，人的角色應是主動而有意識的，絕非被動的受到「經濟」結構所左右（Salamini, 1974: 364-365）。葛蘭西十分同意克羅齊社會中「倫理及政治」層面的影響，不過，葛蘭西認為，克羅齊的觀點過於「唯心主義」（idealist），忽略了人類存在的「物質條件」所造成的影響與限制。

對於「機械馬克思主義」與「唯心主義」的爭辯，促使葛蘭西在獄中思考如何解決義大利與國際共產主義的問題，而「文化霸權」（cultural hegemony）的觀念即是葛蘭西在此背景下，長時間思慮出來的結果（Boggs, 1976: 20）。葛蘭西哲學和社會理論的背景雖然深植於馬克思的架構中，圍繞在解釋「上層結構」與「下層結構」的關係，但葛蘭西大膽突破傳統馬克思主義的結構二分法，而以「霸權形成」的過程，來說明社會統治階層的歷史成因，亦即以「歷史結集」（historic bloc）的觀念來說明「文化霸權」的形成（張錦華，1994：72）。為了克服「經濟決定論」與「唯心論」的缺點，葛蘭西發展出一套「歷史結集」辯證性的解釋，也就是所謂「統治階級」的形成並非由某種特定的「經濟關係」所導致的必然結果，而是需要經過三個階段的關係的演變：即經濟階段、經濟企業階段、以及政治霸權階段（張錦華，1994：72-4）。

1. 經濟階段（dconomic phase）

社會力主要依附在經濟生產方式上，而此一時期的經濟活動是「客觀存在，獨立於人們意志之外」，不同社會階級由於結構的關係自然產生，各自「代表著生產過程中特殊功能和地位」（Gramsci, 1971: 181），但這個階段會由較具政治意味的「經濟－企業」階段所取代。

2. 經濟－企業階段（economic-corporate phase）

原始的社會階級為了謀求更大的經濟利益，藉由「不同程度的同質性，自我意識的喚醒及組織」（Gramsci, 1971: 181），會締結較大的聯盟，或意識較明確的企業階級，藉以謀取更大的經濟利益，但這個階段，大體而言仍以經濟利益為主。

3. 政治霸權階段（political hegemony phase）

某一個企業階層意識到，長遠的企業利益遠超過單純的經濟利益，而必須同時包容其他階層的利益時，可能就會聯合別的階層從事權力的競爭，並試圖整合不同團體的目標，包括智識和道德範疇的共識，而一個「霸權體系」或「歷史集結」便在此不斷抗爭及妥協的過程中形成，統治團體事實上必須協調折衝附屬團體的利益，一個政府的維繫也就是不斷的尋求基本統治團體

利益之間的「不穩定的平衡」（unstable equilibrium），這也就形塑了葛蘭西的「文化霸權」的概念。（Gramsci, 1971: 182）

肆、葛蘭西「文化霸權」理論

　　文化霸權這一概念裡包含兩個重要的子概念：文化和霸權。「文化」一詞起源於拉丁文的動詞 "Colere"，意思是耕作土地（故園藝學在英語為 Horticulture），後引申為培養一個人的興趣、精神和智慧。對應的英文 "culture" 一般來說，可做廣義和狹義的區分。廣義的文化即大寫的文化（Culture with a big C）是指人類的實踐方式及成果的總稱，是人類實踐活動所創造的一切物質、精神成果的總和。狹義的文化即小寫的文化（culture with a small c）是與物質領域相對的精神領域的東西，專指精神生產能力與精神產品，包括一切社會意識形態。如政治法律思想、道德、文學藝術、宗教、哲學和社會科學等等。葛蘭西的「文化」概念基本上指「知識和道德」，因此他說「文化領導權」也就是一種「知識與道德的領導權」。「霸權」一詞源出於古希臘，希臘文和拉丁文形式是 "ege mon" 和 "egemonia"，其對應的英文是 "hegemony"。又解釋為 "leadership, esp by one state in a group of states"，中文解釋是「領導權、支配權、霸權」。所以有些國內學者將 "cultural hegemony" 譯為文化領導權，這與文化霸權是同義的。 葛蘭西這裡的「霸權」是指以服從和同意為基礎的統治。

　　一個政權的原始本質是合法的暴力壟斷集團，但是一個政權要有效地、長時間地實施統治，物理意義上的暴力往往不常做為外顯的統治工具。最好的方式是，讓被統治者在從對暴力的恐懼轉化為對統治集團心理上、意識上的同意和臣服。因此，葛蘭西提出「霸權」（hegemony）的概念，這個概念幫助我們分析國家權力如何形成；了解文化如何鞏固不平等的社會關係；思考反抗社會宰制的可能策略。換句話說，「文化霸權」就是「道德和哲學的領導權」，這個領導權是透過社會主要團體積極「同意」而取得（田心喻譯，1991）。葛蘭西說，一個社會集團的霸權地位表現在以下兩個方面，即「統治」和「智識與道德的領導權」（Gramsci, 1985: 38-39）。一個政權如何有效地

實行統治，這不僅是一個政治學的基本課題，同時也是一個現實的問題。通常，一個政權要對一個地區展開統治，軍事的暴力鎮壓和壟斷是第一步，接下來就是政治部門和行政部門的建立。最後，也是最長遠的工作，就是在文化和意識上形成統治基礎。

根據葛蘭西的看法，統治階層不能單靠武力（force）維持其權力，他們必須要使人民對現存的情況產生同意（consent），甘願接受統治階級的統治。為了達到這個目的，他們必須考慮被統治者的利益，注意他們的文化、價值觀，然後對人民 作出讓步（concession）。葛蘭西認為統治階層的讓步必須是多方面的，首先，他們必須在經濟的層面使人們的物質生活得以改善，與統治者一樣成為現存制度下的既得利益者。然而，葛蘭西認為更重要的是需要在文化層面上做出讓步，具體的做法是要將被統治者的文化價值觀等吸納重組，使之成為對統治者有利的道德觀及世界觀，葛蘭西稱之謂道德及知性的領導（moral and intellectual leadership）或文化霸權（cultural hegemony）。這觀點極其重要，因為它指出了統治者必須吸納改造被統治者的文化；對低下層人民的文化排斥打壓只會帶來更大的反抗，危害統治權利的合法性。葛蘭西對文化霸權的分析，使我們注意到文化及意識形態的重要作用。根據傳統馬克思主義的觀點，文化及意識形態是屬於上層結構的部分，它是受經濟結構所決定，對歷史發展是無甚重要性的，然而葛蘭西卻指出文化霸權決定了統治權力的維持。由於文化領域的重要性，它成了敵對政治力量的角力場所，抗爭的結果影響了歷史的發展。雖然葛蘭西不否定經濟及其他客觀的結構因素的影響，然而他不認為它們能決定文化及意識形態領域鬥爭的結果，因為策略的使用亦甚為重要。葛蘭西的霸權理論強調市民社會（civil society）的重要性。概括而言，市民社會是相對地獨立於國家機器及經濟的、擁有一定自主性的民間組織，統治階級層除了需要握有國家機器，還需要贏得市民社會。對被統治階層而言，要對抗資本家及國家霸權，工人階級也必須在市民社會下功夫，儘早爭取民間組織支持，傳播媒介就成為統治者與被統治者在市民社會競奪有利於己的重要工具。因此，在傳播媒介與國家發展關係的研究中，葛蘭西的霸權理論有其豐富的意涵，由於「文化霸權」強調文化意識形態對權力的影響，亦突顯大眾傳播媒介的重要性。

伍、葛蘭西的「實踐哲學」與「文化霸權」

而要深入理解葛蘭西的「文化霸權」，必須先了解他的哲學基礎——「實踐哲學」。影響葛蘭西「實踐哲學」的因素，除了他本人身處的時代背景外，主要包括馬克思的實踐哲學觀、列寧的革命思想、及他對庸俗馬克思主義的反思等觀點來看。

葛蘭西的實踐哲學可稱之為「實踐一元論」。他把「物質、自然」與「精神、意識」的兩組要素都統一在人的實踐之中，是一種對立的統一性。在葛蘭西看來，除了人類實踐的變化造成形式的改變外，人類歷史實際上不存在任何東西。一切意識都從實踐中得來，無產階級革命的中心，社會進步的根本動力存在於人的自我創造過程之中。葛蘭西用合理辯證法，取代唯物辯證法。他所強調的實踐本質絕不能離開人的主體性。只有堅持實踐的本體論，才能將唯物主義貫徹到底。總之，做為意識形態或革命實踐觀的葛蘭西主義，其邏輯起點就是實踐，實踐是自然界之所以能夠源源流長的基礎，也是人類社會與歷史得以統一與發展的主要依據。

葛蘭西提出實踐哲學的動機，首先主要是為駁斥第二共產國際的機械唯物論。他做為義大利共產黨的總書記，他必須強調革命行動（實踐）的重要性；第二、葛蘭西堅持相信哲學的目的主在於實踐，而實踐的基礎以及歷史的發展的基礎則是人的主觀意志，所以他要在理論上來指導無產階級，藉以改造外部的客觀世界；第三、哲學的目標是要提供個人一種世界觀，以激發人的自我創造，促使社會進步，因而葛蘭西是藉由人（無產階級）的世界觀，來達成革命的任務。（石智青，1994：162）所以，他的實踐哲學是與無產階級革命任務相互結合，而其實踐哲學是要達成下列兩項目標：第一，組成自己的知識分子集團，以奪取社會意識形態的主導權；第二，培育知識分子，使知識分子能成為社會在文化上的領導功能。社會進步的文化動力即是葛蘭西所說的實踐哲學（合理辯證法）的必然結果。為了達成實踐哲學目標，葛蘭西是把物質力量與自然力量相結合，其次，他是用精神與意識，和物質力量對立統一起來，以創造一種「新文化」（以無產階級為中心的生活和文化特

色。他將物質和精神的辯證結合做為無產階級革命的指導綱領，做為向資產階級進攻的利器。

葛蘭西的文化霸權實際上就是「意識形態」霸權。葛蘭西「文化霸權」的思想是與其實踐哲學的理論緊密結合的。葛蘭西的終極目標就是要建立一套能切實有效指導革命的實踐理論，而這種理論是要能適合無產階級的革命實踐，能有助於無產階級推翻資產階級，並建立無產階級政權。他的論述中無論是「歷史聯合體」、「超結構複合體」、「有機知識分子」、「市民社會」、「國家觀念」，甚至「文化霸權」等等，實際上都無法脫離「實踐哲學」的論述。

「文化霸權」是針對無產階級革命或執政過程中，奪取或掌握「文化霸權」是絕對必要的，葛蘭西認為只有占領文化與意識形態的領導權，才能獲得革命的最後成功；而當無產階級獲取政權之後，若欲牢牢握住政權也必須續以「文化霸權」做為統治政府與社會的工具。葛蘭西通過人的實踐哲學之論述，對「文化霸權」理論進行有系統地闡釋，並辯證式的將理論與實踐的統一進行了結合。葛蘭西認為，實踐哲學的任務即是通過無產階級革命的解放，以實現「必然（自存）」向「自由（自為）」的過渡。

葛蘭西的實踐哲學主要提供下列兩個方面的工作：首先，他批判了庸俗唯物主義的錯誤思想，因為舊的唯物主義把人的實踐排除在世界觀之外，由於人做為感性世界的主體，他不是某種開天闢地就已存在的，而是一種歷史與社會所造就出來的產物，更是人類長期以來活動的結果；其次，他對知識分子哲學思想的批判，因為庸俗的唯物主義和機械唯物主義的錯誤認識，從而使無產階級知識分子的革命觀受到很大的影響。葛蘭西的最終目的是要建立起一套能切實有效的指導革命實踐的哲學理論，這種理論不僅要求具有科學精神，而且要切合無產階級的革命實踐能力能有助於推翻統治，以建立革命政權。革命目的必須藉助於上述的理論。他說：一個社會集團的霸權地位表達在以下兩個方面，即「統治」、「知識」與「道德」的領導權，此種領導權就是文化領導權，亦是文化霸權。其次，文化領導權實際上就是意識形態領導權。他認為要使文化領導權順利遂行，必須從教育著手，通過教育向人民灌輸科學的常識，直到群眾思想提高後，或當他們成為無產產階級知識分

子時，他們自然會從資產階級意識形態的欺騙性、虛偽性中解放出來，獲得科學的社會主義的意識形態之後，就會獲得意識形態的領導權。從以上研究可以得知，葛蘭西的實踐哲學實際上是對馬克思主義實踐哲學一次創新和發展，是力求從傳統唯物主義和唯心主義哲學的超越。

陸、結論

葛蘭西「文化霸權」的思想體系，實際上是組合了他的實踐哲學思想、領導權理論（政治領導權＋文化領導權）、有機知識分子概念、市民社會與國家理論等。因而，研究「文化霸權」思想，不可僅從一個方面來分析葛蘭西的思想體系，而須上述各個層面以整體性的研究方式，逐一剖析再作全盤歸納，才能對葛蘭西「文化霸權」的理論有所理解。

葛蘭西實踐哲學觀是與「必然」聯繫在一起，而非僅是孤立的「存在」。其基本特徵是人依靠實踐的概念，即可從必然王國向自由王國過渡。葛蘭西的目的是要對做為全體人類的主體及視為客體的社會，進行一次徹底的「解放」。因而要立足於歷史，注重對現實創造性的發展，才能使人從經濟與物質的桎梏中，向人本的方向獲得解放；使歷史的發展不至於僅限在經濟形式的發展模式中。葛蘭西是通過對革命領權理論的分析，歷史地、系統地闡釋理論與實踐統一的任務和實現途徑。實踐哲學的任務是通過對社會革命的解放，以實現「必然（自存）」向「自由（自為）」的過渡。

至於，「市民社會」、「知識分子」與「文化霸權」的關係，葛蘭西是將其三者都視為同一事情來看待。葛蘭西說：「市民社會即是文化霸權」、「有機知識分子的職能即是『文化霸權』的展現」。文化霸權實際上就是意識形態領導權。他認為要使文化霸權順利遂行，必須從教育著手，通過教育向人民灌輸科學的常識，而群眾思想提高之後，也就是說當他們成為無產階級知識分子時，他們就會從資產階級意識形態的欺騙性、虛偽性中解放出來，獲得科學的社會主義的意識形態之後，就能獲得意識形態的領導權。葛蘭西說：「一個社會集團的霸權地位表現在以下兩方面，『統治』和『知識與道德』的領

導權」，統治與知識及道德權力的形塑過程，即是所謂的「文化霸權」。 論述「文化霸權」理論時，不能將其視為一個純粹的實體概念，實際上它是實體結構與意義結相互輝映的一套文化、意識形態、價值觀及世界觀所構成的「權力意域」（The Power of Field）。本質上，它屬於一個觀念的本體論，實踐上則必須以整個國家及社會做為實踐的場域（Field），因而它又具有物質的本體意涵。藉由通過人的主觀能動性，呈現在政治、經濟、社會、語言、文化及社會意識等各個階層，以形構出的「歷史複合體」（「超結構」＋「結構」），做為其領導整個社會的知識與方法。質言之，「文化霸權」不僅不能還原為固定的實體，它更不能孤立的存在，它必須立足於歷史組合之中，既受「結構」的制約，但又會推動結構的變化。此種辯證式、引導性的力量才是真正「文化霸權」的意涵。

參考書目

外文文獻

Bobbio, N. (1979). Gramsci and the Conception of Civil Society. In Chantal Gramsci, A. (1971), *Selections from the Prison Notebook*. Ed. Q. Hoare and G. Nowell-Smith. London: Lawrence and Wishart.

Boggs, C. (1976). *Gramsci's Marxism*. Pluto Press.

Gramsci, A. (1992). *Prison Notebooks Volume*. trans J. Buttigieg and A. 96 Callarri. Ed Joseph Buttigieg. New York: Columbia University Press.

Gramsci, A. (1985). *Selections from the Prison Notebook*. Ed. Q. Hoare and G. Nowell-Smith. London: Lawrence and Wishart.

Mouffe ed., (1979). *Gramsci and Marxist Theory*. London: Routledge and Kegan Paul.

Salamini, L. (1974). Gramsci and Marxist Sociology of Knowledge: An Analysis of Hegemony-Ideology-Knowledge, *The Sociological Quarterly*, Vol. 15, No. 3, Published by: Wiley on behalf of the Midwest Sociological Society.

中文文獻

田心喻譯（1991），博科克（Robert Bocock）著，**文化霸權**。臺北：遠流。

石智青校閱（1994），詹姆士‧約爾（James Joll）著，**葛蘭西**。臺北：桂冠。

洪鎌德（2006），**當代政治社會學**。臺北：五南。

張錦華（1994），**媒介文化，意識形態與女性**。臺北：正中。

從平等到差異：從女性主義的視野談「促進工作平等保護措施」

謝易達

慈濟科技大學全人教育中心助理教授兼圖書館館長

摘要

　　西方三波女性主義社會運動浪潮，不僅挑戰與改變西方過往「父權社會的男性特權」，亦牽引著全球女性主義的論述，及追求社會制度和個人層面的性別平等的實踐。臺灣在 1970 年代之前，女權運動和西方女性主義的契合度並不高，1987 年解嚴後，婦女團體陸續成立；透過對社會矚目事件的發聲與援助，將受制於傳統父權主義（paternalism）下的諸多怨恨與不平徹底引爆，創造議題的能見度，且迅速有效聚集能量。女性主義倡議者亦得以進入政府諮詢與決策體制內，貼近相關性別平權政策的推動與法案的立法工作。透過法律的革新，翻轉過往常見的「職場性別歧視」現象，及「母職乃義務」的狹隘視野。透過「社會連帶」的思維，推動「母性特殊性保護」，視「母職為權利」而展現於「促進工作平等保護措施」法案之中。

關鍵詞：女性主義、社會運動、性別工作平等法、促進工作平等保護措施

壹、前言

女性主義（feminism）源於法國，盛行於英美，和婦女爭取女權的社會運動（social movement）息息相關。女權主義伴隨著社會運動三波浪潮，因諸多問題的看法及論述論點不一（付翠蓮，2013：175；章立明，2016：2-17），而形成諸多流派與分支（陳昭如，1998：213-229）。但在爭取男女平等的共同目標之上，對女性進行肯定的價值觀念、學說與方法論，提供了理論上的支撐；在政治上，女性主義主張剷除形式上的不平等，提高婦女地位，不僅挑戰既存的社會規範，甚至進入體制，影響政策；在實踐上，女性主義是爭取婦女權益的社會運動的動力（付翠蓮，2013：10-11）。有關兩性平等權利的信念，在第二次世界大戰後逐漸受到聯合國會員們的重視，而形成許多國際公約。國際勞工組織（ILO）對女性產前及產後的權益，「母性特殊性保護」、「母性福利」等權益及訴求上，都有所規範（陳昭如，2016：1101-1102）。

與西方不同，在臺灣，婦女運動先行，女性主義發展在後（張輝潭，2006：17）。從發展歷史、運作型態與功能而論，在1970年代之前，臺灣的女權運動和女性主義的契合度並不高；由「黨國主導」成立的婦女非政府組織，深具「國家統合」色彩。1950「臺灣婦女反共抗俄聯合會」、1953「臺灣婦女工作指導會議」下的「中央婦女工作會」，其成員大都來自「黨政體制」下的「官夫人」、「本省婦女菁英」或「地方派系、仕紳家屬」；主要任務在於推動「反共抗俄」及「動員婦女」支持國家政策，缺乏「特色」及「婦女主體意識的喚醒」（林芳玫，2008：167-169）。

我國憲法本文第七條規定：「中華民國人民，無分男女、宗教、種族、階級、黨派，在法律上一律平等。」第十五條亦規定：「人民之生存權、工作權及財產權，應予保護。」但這些基於保護個別國民以對抗國家權力的規定，和國民間並無所謂的「第三者效力」而直接適用於私法關係上，換言之，如同憲法其他基本權利之規定（憲法第八條除外），憲法第七條實際上並無操作性功能，其立法精神長久以來並未充分落實。在「法不入家門」的觀念下，國家在法律制度上，大抵上是不介入私領域事務，舉凡婚姻關係及親子關係等事務皆是。民法長久存在的諸多「男性優先」的歧視性規範，自然也成為女性主

義學者及團體首要革新的議題。1971 年 11 月呂秀蓮在聯合報發表了〈傳統的男女角色〉，對傳統性別文化有所評析，但受制於當時社會控制能力的制約，此一「新女性主義」觀點（呂秀蓮，1990），在當時雖然引起一陣風潮，但論點與策略都極為溫和，只是導向「思想體系的建構」，期盼「因信仰而生力量」。

為避免和政治過度牽扯而引禍上身，女性主義倡議者多以創立「雜誌社」等方式倡導各項性別平權議題。1976 年「拓荒者出版社」、1982 年婦女新知雜誌社成立。直至民主改革方向底定，1987 年解嚴之後，社會逐漸多元及民主，女性主義學者多人歸國；因應社會各種問題的婦女團體陸續成立，且積極倡議、表達需求，在政治體系之外的公共領域中扮演一定的角色與功能。爾後婦女團體結合社會矚目事件，透過「華西街大遊行」等集結的社會運動能量，將臺灣傳統父權主義（paternalism）脈絡下，職場性別歧視，人口買賣之雛妓問題，婦女及母職保護不足等怨恨逐次爆發，讓政府不得不開始正視此項議題。1994 年司法院大法官會議釋字第 365 號解釋文，對民法第 1089 條之「父權優先」條款，以有違性別平等而宣告違憲。

而中央及地方政黨／首長輪替等政治環境、政治結構的變遷，政府及民間團體的統合關係產生也相當大的質變，更出現婦女團體得以鑲嵌（embedded）於政府諮詢與決策體制內的契機；女姓主義官僚得以更貼近性別平權的政策及法案的推動。歷經 80 年代的覺醒到 90 年代的開花結果，也終於促成優生保健法、勞動基準法正視「女性生理特質」，在性別平權政策及法案的推動上展現一定的能量與成果（尤美女，2009：74-82；陳昭如，2012：43-88）。與此相對，性別工作平等法立法之後，性別平等教育法也隨之經立法院三讀總統公告實施，其立法精神不只是懲處，而是希望透過教育改變過去社會普遍的性別迷思與謬論，塑造性別地位之實質平等、維護人格尊嚴所在。性別平等的追求是一條永無止境的路徑與目標，而性別主流化（gender mainstreaming）思潮的推動與落實，實為達成性別平等的軟性力量。

另外婦女參與發展（Women in Development, WID）婦女與發展（Women and Development, WAD）社會性別與發展（Gender and Development, GAD）婦

女、環境與發展（Women, Environment and Development, WED）的脈絡（章立明，2016：53-58），以及跨國女性主義者意圖破除傳統女性主義以西方為師，卻忽略了不同地區、種族、階級、經濟和文化的差異（林津如，2011），在臺灣性別平權法制化的建構歷程，都是可以再探究的課題。

鑒於西方女性主義學說係為「複數」、「差異性」，且為避免陷入如同「本質主義」與「建構主義」的爭辯，本文在女性主義相關學理之探討僅聚焦於自由主義女性主義（Liberal Feminism）、激進女性主義（Radical Feminism）、社會主義女性主義（Socialism Feminism）、後現代女性主義（Postmodern Feminism）的核心論點，對臺灣本土社會運動與性別平權法制化歷程中，有關「女性」的職場平等權，「母職」的特殊性保護所提供的理論與實踐意涵，而不就其學說及分支進行太多比較。本文架構大抵是從探尋臺灣長久以男性為中心，所形成的兩性不平等的規範和環境，如何被興起的女權運動觸動及挑戰，而其觸發點為何？女性主義倡議者們在期間所扮演的角色，建構何種行動／實踐的路徑，其主張及成效為何？為論述脈絡及分析重點。

貳、西方女性主義的崛起與主要流派及論點

女權思想源於 17、18 世紀，因歐洲啟蒙運動（enlightenment movement）與法國大革命民主思潮而萌芽，然而「天賦人權」的革命成果卻不屬於女性。1791 年 Olympe de Gouges 提出《女權宣言》，系統性的闡述女性應有的權利；1792 年 Mary Wollstonecraft 的《女權辯護》，則強調兩性在智力及能力上並無差異，而是男性窮盡一切手法讓女性喪失獨立人格與理性知識。長久以來，以男性為中心而形成的兩性不平等的規範和環境，逐漸被興起的女權運動觸動及挑戰，進而形成第一階段女性主義思潮（付翠蓮，2013：1-6；林麗珊，2014：5-7；李銀河，2004：25-39；章立明，2016：10-11）。此波思潮係以自由主義思想為論述基石，自由主義女性主義者強調，兩性在生理上並無差別；女性的附屬地位是受到社會規範與法律不平等對待的影響；因「習以為常」的待遇而形成一種「自然秩序」。是以挑戰既存社會秩序，剷除形式上、法律上

的不平等，爭取和男性平等的政治權利為目標。此波浪潮在美國於 1920 年、英國於 1928 年，及西方各國相繼立法賦予女性選舉權之後而沈寂。

20 世紀 60 年代到 80 年代，是第二波女性主義風起雲湧的年代；起因是性別歧視現象依舊廣泛的存在，不再刻意迴避兩性的生理差異，而是轉而分析造成兩性不平等的經濟、社會等因素。西蒙波娃（Simone de Beauovir）發表的《第二性》，以「存在主義的觀點」提出女性的身體和心理以及所處的文化與社會，都是被建構出來的（付翠蓮，2013：4-5）。生理性別（sex）與社會性別（gender）的提出，打破過往「生理決定論」的迷失；對過往「二元論構造下性別角色刻板印象的合理性」提出質疑（章立明，2016：6-8），解構了「父權制」（patriarchy）的合理根基（詹俊峰，2015：39-40）。

Betty Friedan 為自由主義女性主義的代表人物，1963 年《女性迷思》（*The Feminine Mystique*），論及女性雖然擁有選舉權，然而在政治參與上仍屬於從屬地位。在職場上，男女並非是同工同酬，且受到諸多家庭／母職角色的牽絆，唯有走出家庭，才能追求和男性一樣的平等發展機會；也就是透過「創造性的勞動」，女性的智能才能充分發揮。尤有甚者，其於 1981 年《第二階段》一書，除討論職場女性在家庭情感的維繫和事業之間如何維持平衡之外，且認為男性進入家庭，不僅可以共同承擔家務，也可發現個人自我價值。（章立明，2016：12；付翠蓮，2013：4）。而激進主義女性主義倡議者，則認為唯有終結父權制，才能最終實踐女權主義追求的社會目標。Kate Millett 在 1970 年所發表的《性政治》（*Sexual Political*），重新解釋「父權制」，並將其概念導入女性主義理論。而 Shulamith Firestone 1970 年的《性的辯證法》（*The Dialectic of Sex*），則被認為是「生理本質主義」的代表作；主張基於「生物性別的差異」，導致兩性在「再生產」的過程中扮演著極為不同的角色，而生育機制是女性受壓迫的根源（章立明，2016：14-15；付翠蓮，2013：4）。1979 年 Catharine MacKinnon 的《職業女性性騷擾》專書，明確指出「性騷擾就是職場歧視」，其目的在於摧毀女性的自信心，使其成為職場上屈從地位。社會主義女權主義論者，亦是將無報酬的家庭勞動觀視為壓迫的根源。伴隨著 20 世紀 80 年代西方保守主義思潮復興，第二波女性主義思潮與女權運動進入反思及退潮階段。

90 年代世界政治與經濟體系進入一個相對穩定的發展，第三世界國家及殖民地國家的女性相繼對性別壓迫及種族壓迫提出訴求，女權運動再度興起而形成第三波浪潮。此階段女性主義進入多樣化，各種流派興起，又以後現代女性主義影響最大；強調女性多元主體和身分的後殖民主義女性主義，則對非洲裔及亞非拉國家的女權主義影響甚大，糾正過往以美國為主的主流女性主義偏重於中產階級白人的傾向，而忽略了其它地域、種族、文化等議題的關注。

參、臺灣本土化女權運動的興起

在「法不入家門」的觀念下，國家在法律制度上，大抵上是不介入私領域事務，舉凡婚姻關係及親子關係等事務皆是。我國民法親屬編過去受到中國傳統男尊女卑之父權主義影響；修訂前眾多條文充斥著夫權獨大的過時規定。另外由於觀念的錯誤，女性常常被視為解救家庭貧窮的「商品」，女性身體被視為家庭的財產，女性的保護及職場性騷擾防治的保護措施十分匱乏；臺灣本土化女權運動的興起和這些社會因素息息相關，而女性主義學者們則扮演了論理的倡議及法制化的修法建議的角色。

一、人口買賣、性別歧視與職場性騷擾

從 1980 年代開始，臺灣人口買賣及雛妓問題開始受到社會的關注；許多原住民部落由於「貧窮」，所以導致「女性」人口買賣事件頻傳，但由於相關「刑責太輕」，「略誘罪」的論處又受到時空背景的影響，其罪刑相對較重但是在司法實務上幾乎無人被定罪，所以嚇阻效果不佳。更由於「職訓所」功能不彰，受輔導的雛妓幾乎重返老路，這種根基於貧窮，因傳統父權社會「性別不平等」導致女性常常被視為解救家庭貧窮的「商品」，女性身體被視為家庭的財產的社會現象由來已久。此外臺灣長久以來針對「問題婚姻」都是勸和不勸離，婦女在婚姻關係中如果受到家庭肢體暴力，在無法「兩願離婚」的前提下，僅能透過醫事程序提出驗傷單而提出傷害告訴或訴請「裁判離婚」；但以當時民法對於父權的偏頗，結束婚姻也代表失去財產及未成年子女的監護

權；況且以「不堪同居之虐待」的法定要件訴請離婚，亦需飽受許多程序及實體法律的煎熬；更重要的是離婚後，婦女的經濟依靠頓失，「家庭暴力」在缺乏專責法令與機關協處的情形下，唯有透過「床頭吵、床尾和」方能保護自己不受身體、經濟及社會的不利對待。

　　性騷擾（sexual harassment）其概念與發展來自於國外，但在臺灣，性騷擾事件時有所聞，但基於過去性騷擾防治並無專責規章來規範，受到性騷擾者雖可因自己身體、健康、名譽等不當受到傷害，而尋求司法上的救濟，但是被害人往往基於相關法規之構成要件嚴苛，舉證責任不易，而飽受許多實體及程序上的阻礙。過去女性在就業過程中，面對性騷擾時，往往受限於社會價值觀及救濟管道之缺乏，而選擇沈默受辱。無可否認，女性遭受性騷擾的情形較諸於男性而言，算是嚴重許多，而且大多是職位、權力較高者加諸於權力較低者身上，許多女性為了保住工作或獲得升遷的機會，大都將其視為「必要的惡」或「公司組織文化」的一環，而不敢違抗。由於未有防治專法，性騷擾之定義未明及舉證之困難，或可援引民法、刑法、社會秩序維護法、就業服務法來規範，但是被害人往往基於相關法規之構成要件嚴苛，舉證責任不易，而飽受許多實體及程序上的阻礙，實際的成效並不彰顯。性騷擾行為的發生和防治，要探討的面向極多，但無可否認，性騷擾的發生和社會性別的不平等極具關連性，而且女性在職場上為了工作及升遷，常常要將性騷擾視為組織文化或是必要的惡，而隱忍此一屈辱。女性勞動者為了生計的維持，而必須飽受言語上的騷擾與肢體上的性騷擾；但令人遺憾的是面對性騷擾時，不論騷擾者的背景為何，多數的受害者不是將其視為職場「必要的惡」而有所隱忍，就是以低調的方式來因應，甚至選擇離職退出職場；只有少數人會以強烈且明確的言語或肢體動作來傳遞自己不受尊重及不舒服的感受，或是透過主管進行申訴。會有這樣的因應模式，歸咎其因，受到傳統性別角色的偏見，性騷擾之定義未明及舉證困難，缺乏有關性騷擾的認知與處理能力，權力的不對等諸多因素的影響。

二、不平等（性別歧視）的社會職場環境

過去臺北市就有家信合社對於其所僱用的女性員工因為結婚而予以解僱（單身條款），而受到臺北市政府勞工局以其違反就業服務法的相關規定，處以罰鍰處分；另有些航空公司對於「空中小姐」亦有限制結婚女性不得擔任的規定。此外國父紀念館亦曾在辦理女性約聘員工招考時，訂有懷孕就不予續聘的切結規定（禁孕條款），而引起社會的一片譁然與爭論，更有許多雇主在女性員工產假期間終止其勞動契約（懷孕歧視），而產生諸多訴訟案例。上述性別歧視條款，雖曾有司法院、最高法院及眾多學者，從憲法、民法、勞基法之規定，提出「無效」之見解，仍舊無法獲得徹底解決，不少雇主們，依舊以民法上「契約自由」原則，做為逃避法律之工具。甚至屬於國家考試一環的外交人員特考、國際新聞人員特考，過去一直就存有女性錄取率偏低或是根本不收。另外職業性別區隔情形嚴重，女性在社會經濟活動中實扮演著「次級勞動力」的角色，此外由於同工不同酬，以及女性升遷、福利低於男性，久而久之，基於不被期待為家中經濟來源的主要負擔者，「家務事」自然容易成為女性的天職，「女子成了名符其實的內人」。女性在就業過程中，除了可能面對上述的性別歧視外——也就是先撇開薪資差異此一橫向職業區隔與性騷擾不談——女性在企業內要晉升至管理及決策階層普遍存有許多人為的障礙；女性通常無法和男性同儕獲得一樣的競爭機會，而跨過被稱為「玻璃天花板」的升遷門檻，在臺灣也是極為普遍。

三、緩慢與妥協的立法困境

民國 79 年 4 月 6 日，前立法委員趙少康等三十九位委員便已提出「男女工作平等法」草案（該案係參照民國 78 年 3 月婦女新知基金會所提出「兩性工作平等法」版本），但由於未能取得朝野立委的共識，加上行政部門亦未能提出相關對案（行政院勞委會雖曾在民國 83 年 5 月 12 日完成「兩性工作平等法」草案，但在民國 84 年 2 月 16 日之行政院院會中，時任行政院副院長的徐立德及主管部會經濟部長，都擔心此法案過渡保護女性會影響到企業投

資，所以該案便回重審）；在會期不連續原則的限制下，立法工作毫無進展，兩性勞動平權仍只是口號。

相較於民間團體與立法委員之積極，行政部門為了化解企業主的疑慮，經過近十年的緩衝、溝通與協調，直至民國 88 年 4 月 13 日終於向立法院提出行政院版的兩性工作平等法草案。民國 88 年 5 月 31 日立法院第四屆第一會期內政及民族、司法、衛生環境及社會福利委員三委員會併案審查「葉菊蘭等四十二人擬具『男女工作平等法草案』、王雪峯等三十二人擬具『兩性工作平等法草案』、行政院函請審議『兩性工作平等法草案』」，至此兩性勞動平權的法制化方有突破性進展。提案委員葉菊蘭開宗明義的指出：「1. 行政院勞委會草案排除軍公教人員，本席對此表示遺憾，勞委會這樣的作法為德不卒，政府部門應該做表率才對；2. 在本席等的提案中，企業要有育嬰假的門檻限制是十人以上，行政院草案第十五條卻要規定一百人以上的企業，以臺灣的企業結構，只有不到百分之十二的女性可以得到這樣的保障；3. 本席提案的第十六條有家庭照顧的休假，可以請十天不需要支薪的無給假。行政院草案條卻要規定五十人以上的企業方能適用；4. 在哺乳假方面，行政院草案是給女性員工每天兩次哺乳時間，每次三十分鐘，但應該是以每天減少工時一小時，或彈性調整工時的方式，對女性哺乳育嬰，方更具有實質上的保障；5. 在有關職場性騷擾方面，對行政院版過於寬鬆一事提出建議。」

爾後多位立法委員亦口頭詢問及提出書面意見，明白指出促進工作平等措施規定過於嚴苛，且官方尚不能體認托育乃是國家應盡之義務，而將相關之責任加諸於企業身上。民國 89 年 10 月 16 日行政院勞委會公布了所謂的九合一整合版草案，同年 12 月 6 日，立法院決議將該版草案逕付二讀，以便能在本會期結束前完成立法工作。該法案隨後在同年 12 月 21 日完成三讀，民國 91 年 3 月 8 日正式施行。但該法案為了考量當前經濟情勢欠佳，避免大幅提高事業單位雇用勞工的成本，在相關促進工作平等措施上並無相關罰則之設計，且育嬰假、家庭照顧假的適用範圍仍有門檻的限制。

肆、女性主義與臺灣本土化女權運動

一、結合社會運動、累積動員能量

　　根基於貧窮，因傳統父權社會「性別不平等」導致女性常常被視為解救家庭貧窮的「商品」，女性身體被視為家庭的財產的社會現象由來已久。「人口買賣及雛妓問題」，在 1980 年代開始被媒體報導後，逐漸引起學者的正視，並開始進行專題研究與調查，甚至擔任輔導教師的角色；但受限於政府處理態度的消極及相關懲處法令的不周延，防治成效並未能彰顯。1987 年 1 月 10 日，由婦女新知雜誌社發起「華西街大遊行」，「臺灣婦運團體第一次走上街頭」，除向「華西街」所在的萬華桂林分局遞交抗議書之外，亦提出「嚴格取締、處罰強迫未成年少女賣淫的人口販子、建立兩性平權社會逐漸廢娼等七條訴求」。此次運動由婦女新知主導，並集結了 9 個婦女團體、7 個原住民團體、2 個人權團體、13 個教會團體，31 個民間團體共同結盟，展現強而有力的動員能量。1988 年 1 月 9 日，並發起了第二次「華西街大遊行」。除了上街頭之外，婦運人士也成立了「臺灣婦女救援協會」，開始有組織、有計劃性的面對「解救娼妓」的複雜議題；政府也開始協助相關團體及基金會進行「中途之家」之建置及防治宣導。1993 年，相較於政府的被動，勵馨基金會及「臺灣婦女救援協會」等團體開始推動訂定「雛妓防治法」專法，最終促成「兒童及少年性交易防治條例」的立法。

　　此外，臺灣離婚率及家暴事件逐漸攀升，但受限於「法不入家門」及「家父長制」的影響，結束婚姻也代表失去財產及未成年子女的監護權，婦女在家庭中並不能享有完整的人格尊嚴與平等；於是臺北市晚晴婦女協會出面整合學有專精的律師、法官及學者籌組「民間團體民法親屬編修正委員會」，藉由多場次公聽會及講座傾聽與凝聚意見後並具體提出「新晴版民法親屬編修正案」，其修法方向為刪除父權獨大規定、貞婦烈女封建思想、確立男女平等原則、確立子女利益原則、保障婦女的財產制等。期間協會並於 1994 年 3 發動一場萬人連署活動，並培訓宣導成員下鄉，使修法成為全民運動（尤美女，2009：74-78）。此時臺灣婦女非政府組織結合 1980 年代社會民主化下

的社會運動風潮，得以利用選舉時機創造議題，更和政治勢力相結合。過去「子女從父姓」的父權優先體制，於 2007 年 5 月 23 日，透過民法親屬編 1059 條之修正，改成父母得以書面方式，自主約定從父姓或母姓；本次修法或有受「不利影響」得請求法院宣告變更子女姓氏的條文爭議；所幸在 2014 年 4 月，再次修法改為成年子女可自主決定姓氏，而未成年子女姓氏之變更要件，也從「不利影響」修正為「利益」請求，透過法官審酌個案的必要性與積極條件是否充分，限縮可能存在「父權主義」的影響。此一顛覆過往「父系繼承」的「歷程」，由於是「逆／反傳統」（counter-tradition），其修法沿革充滿了挑戰與諸多的阻礙；在學界，也有修法將違反「社會安定、孝道維繫、祭祀責任、善良風俗」的反對論述，更遑論立法院當時的「保守勢力」；從 1985 年到 2007 年，歷經 22 年的倡議與溝通，才完整卸除「子從母性的諸多枷鎖」，落實兩性平權的重要法案（彭渰雯、洪綾君，2011：5-7）。

二、進入政府體制、遊說政策與法案

參與政府行政體系的運作與決策，也是婦女團體推動政策的一個途徑，1996 年陳水扁先生在臺北市市長任期內，便在「親綠」婦女團體的強烈要求下，實踐在臺北市政府成立婦女權益促進會的「承諾」，並擔任主任委員一職，監督所有局處和婦女相關的政策與法案。1997 年行政院成立婦女權益促進委員會，1998 年顧燕翎教授，被新當選臺北市市長的馬英九先生延攬擔任臺北市公務人員訓練中心主任，而成為臺灣第一個女性主義官員。在兩性勞動平權法案的推動其策略除了傳統遊說外，透過立法委員提案亦是一個重要的方法；相對於民間團體的主動，行政部門對相關法案的立法推動明顯保守許多，其間又受到企業主和工商團體的反遊說的影響，加上行政部門亦未能提出相關對案，且在會期不連續原則的限制下，立法工作極為緩慢。在國內婦女團體長期的努力下，攸關兩性工作平權的法案終於在 2002 年 1 月 6 日公布，2002 年 3 月 8 日施行（本法於民國 96 年 12 月修正名稱為性別工作平等法）。兩性勞動平權終於從理念落實到專責法制層面，而進入「半強制」實踐階段。為排除女性就業之歧視障礙，鼓勵婦女投入勞動，落實性別平權的真義，性別工作平等法分別從 1. 性別歧視之禁止（第二章）；2. 性騷擾之防治

（第三章）；3.促進工作平等措施（第四章）；4.救濟及申訴管道（第五章）等
四大方向來規劃、落實。相對於司法機關的消極性、被動性，行政上之主管
機關基此法源及其他七項附屬法源[1]，期望藉由積極之行政措施，貫徹憲法消
除性別歧視、促進兩性地位實質平等。

其中在第七條明訂，雇主對求職者或受僱者之招募、甄試、進用、分
發、配置、考績或陞遷等，不得因性別或性傾向而有差別待遇。但工作性質
僅適合特定性別者，不在此限。第八條也規定，雇主為受僱者舉辦或提供教
育、訓練或其他類似活動，不得因性別或性傾向而有差別待遇。第九條則提
出雇主為受僱者舉辦或提供各項福利措施，不得因性別或性傾向而有差別待
遇。第十條亦強調雇主對受僱者薪資之給付，不得因性別或性傾向而有差別
待遇；其工作或價值相同者，應給付同等薪資。但基於年資、獎懲、績效或
其他非因性別或性傾向因素之正當理由者，不在此限。雇主不得以降低其他
受僱者薪資之方式，規避前項之規定。最後第十一條雇主對受僱者之退休、
資遣、離職及解僱，不得因性別或性傾向而有差別待遇。工作規則、勞動契
約或團體協約，不得規定或事先約定受僱者有結婚、懷孕、分娩或育兒之情
事時，應行離職或留職停薪；亦不得以其為解僱之理由。違反前二項規定
者，其規定或約定無效；勞動契約之終止不生效力。相較於性別工作平等法
立法程序之冗長與爭議不斷，同屬婦女權益法案的家庭暴力防治法及兒童及
少年性交易防治條例之修正歷程，則因社會對性別平權已有較多的共識，再
加上主推法案的立法委員亦兼具民間團體負責人及曾任政府官員的經驗，在
法案推動之初並已先行整合行政、立法與民間團體的歧異。隨著「合作經驗」
越多，婦女團體和行政、立法部門間融合程度越來越高（楊婉瑩，2006：62-
70）；性別平等教育法此一全新法案，立法院的三讀程序只有短短的三個月，
立法院只是在程序上執行其職權，法案的精神與內涵則多數尊重婦女團體，
相較於性別工作平等法立法之緩慢與困難可謂不可同日而語。

---

[1] 分別是兩性工作平等法施行細則、兩性工作平等法申訴審議處理辦法、行政院勞工委員會
兩性工作平等委員會設置要點、育嬰留職停薪實施辦法、工作場所性騷擾防治措施申訴及
懲戒辦法訂定準則、兩性工作平等訴訟法律扶助辦法、幼兒設施措施設置標準及經費補助
辦法。

伍、女性主義視野下的「促進工作平等保護措施」（代結論）

　　國家干預越少，人民即能獲致最大幸福的傳統思潮，隨著政府職能的轉換，已逐漸受到修正。現今世界各國皆改以較積極的作為介入人民基本生存權和受益權的保障，特別是對弱勢族群的照顧。我國憲法第一百五十三條第二項就有規定：「婦女及兒童從事勞動者，應按其年齡及身體狀況，予以特別的保護。」此外我國憲法增修條文第十條第六項亦規定：「國家應維護婦女之人格尊嚴，保障婦女之人身安全，消除性別歧視，促進兩性地位之實質平等。」勞基法第三十二條、第四十九條第一項、第五十條、第五十二條，對女性延長工作時間的限制、女工深夜工作之禁止及女性在生理上的分娩或流產給予特別的保障措施。但是和西方國家相比，我國在法規或政策上對於女性勞動者工作和家庭角色扮演的兩難困境仍無完善的規劃（焦興鎧主編，楊瑩著，1996：23-25）。

　　女性雖然可以藉由教育的普及化而得以進入就業市場而獲得經濟自主，但是由於生育及傳統持家作業的累贅，使得女性勞動參與率低於男性（吳忠吉，2002：6），另根據勞委會公布的「工時勞工綜合調查報告」統計數字可知，臺灣的工時從事者（以時薪計算），以女性高居 62％，而女性選擇工時有75％是出於「生活所需」與「補貼家計」；學者指出：「若女性能有機會從事全職工作，大概就不會選擇工時工作」，並對國家在政策上鼓勵女性從事工時一事提出批評，認為國家在養兒、托老的責任上刻意規避，更加深了現代女性「蠟燭兩頭燒的狼狽處境」（劉梅君，2008：57-59）。女性除了長期受到社會性別刻板印象而承受許多不平等現象，在面對就業與家庭照顧兩難的決策情境下，通常都是選擇退出職場來因應，女性特有的生理差異及生育機能，極易影響其工作表現與就業機會。為了貫徹實踐兩性平權的實質平等與正義，性別工作平等法特訂有促進工作平等之積極措施如下：1.每月得請生理假；2.產假（含小產）及配偶之陪產假；3.育嬰留職停薪；4.哺乳及工作時間之減少與調整；6.家庭照顧假；7.設置或提供托兒設施；8.再就業扶助措施。值

得一提的是，性別工作平等法增列了育嬰留職停薪、家庭照顧假，改變過去大多數女性無法職場與家庭兼顧的兩難困境，此些「母性條款」的訂定，旨在將原本被歸於私領域的個別家庭／個人責任，轉為成為公領域的社會責任，這對扭轉過去父權主義思考下「男主外、女主內」的思維是有正面意義的。

　　要建構完善的、友善的就業環境，除了消弭性別歧視、追求兩性形式平等外，如何從「母性保護」、「社會連帶」的思維，採取積極措施促進兩性工作權的實質平等，方才是政府之考驗所在，而教育則扮演著重要的角色。尤其在性別工作平等法立法之後，性別平等教育法也隨之經立法院三讀總統公告實施，其立法精神不只是懲處，而是希望透過教育改變過去社會普遍的性別迷思與謬論，塑造性別地位之實質平等、維護人格尊嚴所在；性別主流化是達成性別平等的重要因素（廖麗娟、吳秀貞，2008）。因此如何呈現與探討職場中不同性別者的差異與處境；在性別資源與預算的使用上，如何讓不同性別與弱勢者能有參與之機會；如何進行性別影響評估與後續調查研究；如何進行組織之再教育；如何增加職場成員之性別意識培力，這些都是中央主管機關、各直轄市、縣（市）政府乃至各公、私部門皆是無可迴避的課題，也唯有透過一連串師資、課程、資源分配、環境空間的再建構，友善性別平權的終極目標或能逐步落實。

參考書目

中文文獻

尤美女（2009），從婦女團體的民法親屬編修法運動談女性主義法學的本土實踐，**律師雜誌**，第 313 期。

王孝勇（2012），Mikhail Bakhtin 的對話主義及其對批判論述分析的再延伸：以白玫瑰運動為例，**政治與社會哲學評論**，第 40 期。

王麗容（1995），**婦女與社會政策**。臺北：巨流。

北京大學法學院人權研究中心編（2002），**國際人權文件選編**。北京：北京大學出版社。

呂榮海（2002），**勞動法法源及其適用關係之研究**。臺北：蔚理法律事務所。

李銀河（2004），**女性主義**。臺北：五南。

杜文苓、彭渰雯（2008），社運團體的體制內參與及影響——以環評會與婦權會為例，**臺灣民主季刊**，第 5 卷第 1 期。

官有垣（2002），國際援助與臺灣的社會發展：民間非政府組織角色扮演之歷史分析，**社會政策與社會工作學刊**，第 6 卷第 2 期。

林芳玫（2008），政府與婦女團體關係及其轉變：以臺灣為例探討婦女運動與性別主流化，**國家與社會**，第 5 期。

林津如（2011），女性主義縱橫政治及其實踐：以臺灣邊緣同志為例。載自游素玲編，**跨國女性主義研究導讀**。臺北：五南。

陳昭如（2016），從義務到權利：新舊母性主義下母性保護制度的轉向與重構，**國立臺灣大學法學論叢**，第 45 卷特刊。

彭渰雯、洪綾君（2011），為何從母性？夫妻約定子女姓氏的影響因素調查，**女學學誌：婦女與性別研究**，第 28 期。

焦興鎧（1999），私部門高階女性人力資源之開發及運用——美國「玻璃天花板委員會」報告初探，**經社法制論叢**，第 24 期。

焦興鎧（2009），論美國推動積極行動方案以消弭就業歧視問題之努力，**長庚人文社會學報**，第 2 卷第 1 期。

楊婉瑩（2004），婦權會到性別平等委員會的轉變：一個國家女性主義的比較觀點分析，**政治科學論叢**，第 21 期。

楊婉瑩（2006），台灣性別法案推動歷程的比較分析，**政治科學論叢**，第 29 期。

詹立明（2016），**性別與發展**。北京：知識產權出版社。

詹俊峰（2015），**性別之路：瑞文·康奈爾的男性氣質理論探索**。廣西：廣西師範大學出版社。

廖麗娟、吳秀貞（2008），性別影響評估實施現況與推動策略，**研考雙月刊**，第 32 卷第 4 期。

劉梅君（2002），「兩性工作平等法」與「母性保護」——立法之意義、釋疑及理論淺談，**律師雜誌**，第 271 期。

謝臥龍（2014），由女性主義理論發展的理路來分析性別工作平等法的本土實踐與反思，**台灣心理諮商季刊**，第 6 卷 3 期。

譚令蒂（1998），公、私部門工資性別差異——臺灣之實證研究，**國家科學委員會彙刊：人文社會科學**，第 8 卷第 2 期。

顧燕翎（2008），女性主義體制內變革：台北市女性權益促進辦法制定之過程及檢討，**婦研縱橫**，第 86 期。

民族主義與國家認同：海峽兩岸的發展初探

鍾文博

新生醫護管理專科學校通識教育中心助理教授

摘要

自 1980 年代以來臺灣歷經多次民主改革，逐漸由威權體制轉型為民主體制，然而民主轉型雖已進程至體制鞏固的階段，但攸關國家發展的民主化工程仍留下國家認同與兩岸關係議題懸而未決。國家認同議題牽涉到所謂「省籍情結」、「統獨爭議」、「本土化／臺灣化／中國化」等相關問題，究其背後可見「民族主義」的蘊釀發酵與斧鑿痕跡。而兩岸關係的發展中，民族主義與國家認同一直都扮演著一股積極的牽引力量，影響兩岸人民的民族情感與國家歸屬選擇。目前對臺灣大多數人來說，在文化認同上，認同臺灣與認同中華文化顯然可以重疊，但是就政治認同而言，認同臺灣和認同中國似乎出現一些互斥的現象；在認同自己是臺灣人也是中國人的雙重認同中，許多人將「中國人」理解成一種文化（華人）或種族（漢人）的概念，而在政治上，許多臺灣人民已逐漸認知與接受臺灣或中華民國是一個主權獨立的國家或政治實體。但儘管臺灣的國家認同爭議懸而未決，大多數的臺灣人民已能接受用溫和漸進與民主的方式，如溝通協商、和解包容、以及服從多數和尊重少數等民主素養，來處理國家認同的爭議與衝突，此種有別於過去「族群民族主義」的「公民民族主義」可謂逐漸成形。或許臺灣的統獨問題一時難解，中國意識與臺灣意識的對立衝突亦難避免，但臺灣民主化的堅持與深化或將是解決臺灣國家認同問題的最有效方式。

關鍵詞：民族主義、國家認同、兩岸關係、民族國家、文化認同

壹、前言

　　自 1980 年代以來臺灣歷經多次民主改革，逐漸使臺灣由威權體制轉型為民主體制。然而臺灣的民主轉型雖已進程至體制鞏固的階段，但攸關國家發展的民主化工程中似乎仍留下國家認同（national identity）與兩岸關係兩項議題懸而未決。國家認同問題牽涉到臺灣近年來所謂「省籍情結」、「統獨爭議」、「本土化／臺灣化／中國化」等相關問題，然而究其背後深層因素，可清楚看見民族主義（nationalism）的蘊釀發酵與斧鑿痕跡。而兩岸關係的發展中，民族主義與國家認同一直都扮演著一股積極的牽引力量，它主導了臺灣仍是中國的一部分，抑或是一個獨立國家的爭議，並且影響兩岸人民的民族情感與國家歸屬選擇。凡此皆說明了當前臺灣的民主政治與國家生存發展過程中，民族主義與兩岸關係發展扮演了兩股關鍵性的影響力量，而其中民族主義對於兩岸關係的發展更是具有極大的影響力。職是之故，本論文主要在探討民族主義對近代中國的影響，以及對海峽兩岸之大陸與臺灣的影響。據此，本論文首先分析近代中國民族主義的發展，其次，本論文嘗試分析論述民族主義在中國大陸的發展狀況，以及民族主義在臺灣的發展情形，最後在結語中筆者提出個人的省思與淺見。

貳、近代中國民族主義的發展

> 「民族主義是一種在人類中迅速蔓延的傳染病。」
>
> ——愛因斯坦（Albert Einstein, 1879-1955）

　　民族主義是近現代史上一股強大的力量，它關係著一個民族的集體認同與集體尊嚴。十九世紀中葉自鴉片戰爭開始，西方帝國主義勢力大肆侵略中國，即是中國現代民族主義開始萌芽滋長的時期。到了二十世紀上半葉，中國共經歷了三次政權更替，可說都與民族主義有關，包括 1912 年滿清退位而中華民國肇建，1927-1928 年的北伐，建立了南京的國民黨政權，以及 1949 年中國共產黨建立了北京政權。辛亥革命所憑藉的民族主義是傳統的滿漢之別與「排滿」、「倒滿」，非源於西方現代的民族主義意識。北伐時期的民族

主義則已是現代的，它所針對的是帝國主義的侵略，尤其是以英國為主要對象。而 1919 年所爆發的「五四運動」則可說是現代民族主義在中國的成熟具體表現，「外抗強權、內除國賊」的民族主義口號為北伐指出了具體的目標，也是北伐勝利的重要精神要素。最後，中共政權成立的主要憑藉亦是民族主義，利用日本侵華時對民族主義加以操控與利用而攫取政權。綜合言之，民族主義在二十世紀中國近代史上可謂發揮了巨大的影響力量。

一、西方「民族國家」的衝擊

在討論近代中國的民族主義之前，筆者認為有必要先梗概討論西方民族國家的歷史起源與西方近代民族主義的興起原因，因為近代民族主義基本上是個西方的概念，如果沒有西方民族主義思想在中國的流傳，就很難有近代中國民族主義的崛起。我們都知道近代民族主義實乃近代「民族國家」（nation state）[1] 逐漸形成後所產生的思想意識。所謂民族國家乃是由民族所組成的具主權的疆域國家，有別於古代的「部落民族」（tribal nation）或「多民族的帝國」（multi-nation empire），可見諸於十七世紀的英國、十八世紀的歐陸國家與美國，而全盛於十九世紀以後的西方世界。而近代民族主義思想則甦醒崛起於美國獨立戰爭，揭開了近代民族主義組曲的序幕[2]，民族主義運動從此勃然興起。

---

[1] 民族國家的興起最早約在十五世紀，其在國際法中的地位則要到 1648 年的「西發利亞和約」才被確認，其成熟的類型更要等到法國大革命之後才出現。在此之前，歐洲長期處於前民族國家的時代。而相對於前民族國家時代的國家，民族國家的主權行使範圍係以國家疆域為界，而且民族國家的主權是排除式的，任何一國不得干涉他國的內政。參見孫治本，《全球化與民族國家——挑戰與回應》（臺北：巨流，2001 年），頁 7、頁 22。

[2] 一般學者皆襲用認為近代民族主義崛起於法國大革命以及拿破崙戰爭時代，惟筆者認為近代民族主義思想實甦醒崛起於美國獨立戰爭。美國獨立革命的原因主要是受到殖民國——大英帝國的經濟法令剝削而激發出憤怒的反抗意識。1738 年凡爾賽條約，英國正式承認北美獨立，美利堅合眾國誕生，這可被視為近代新民族主義組曲的序幕。而法國大革命則要等到美國獨立革命六年之後的 1789 年，因受感染而爆發革命。相關佐證請參見：朱諶，《近代西洋民族主義思想》（臺北：幼獅，1995 年），頁 81。另外，關於在民族主義的源起與擴散過程的解釋上，大多數西方學者認為民族主義是出現於十八世紀的西歐，如英、法。

現代民族國家內涵的確立則要等到西發利亞和約與法國大革命之後。西發利亞和約確立了民族國家作為主權獨立的疆域國家的形式，並建立了國際法上的「不干涉（內政）」原則。換句話說，西發利亞和約確立了民族國家作為疆域國家的形式，確立了民族國家對外為一主權不受侵犯的疆域國家。而法國大革命則進一步確立了民族國家對內至高無上的權威，確立了民族國家對內之絕對權威及民族作為國民之權利與義務。[3] 而美國獨立革命和法國大革命所掀起的民主自由平等則掀起了現代民族主義意識覺醒的序曲。

現代中國的民族主義則是百年前開始的，是在西方帝國主義侵略凌辱下發展出來的，它也是中國從傳統的「天下」結構，進入現代的「世界」結構所發展出來的一種集體認同（民族國家）的新理念與新意識。[4] 帝制中國從秦朝一直到清朝都是「普遍性的、世界性的王朝」（universal empire），雖以漢民族為主體，但組成民族實多元；國家乃指朝廷，忠君即是愛國。維繫中國大一統的力量是文化而非政治，歷史上終結分裂趨於一統的力量也是文化。一直到十九世紀西方民族國家入侵後，中華大一統帝國才遭遇到嚴峻挑戰，不僅是兩種截然不同的政治體制的衝突，更是兩種文明文化的衝突。自清末鴉片戰爭以來，中國的屢戰屢敗與屢敗屢戰迫使中國接受並加入列國之林，並被迫襲為一個西方式的近代民族國家。數千年的文化帝國竟在西方外力壓迫下產生如此劇變，無怪乎郭嵩燾與李鴻章等人驚呼「三千年未有之鉅變」，梁啟超直言「喚起吾國四千年之大夢」，也正可說明中國從一帝制皇朝轉變為現代民族國家的震撼，同時西方式的現代中國民族主義取代傳統的族類思想與文化主義，成為支配二十世紀中國歷史發展最重要的意識形態。

西方「民族國家」體制對中國的最大挑戰便是由文化的認同轉變為民族國家的認同。中國開始將自身從一個「帝國」或「天下」重新想像或改造為一個現代的「民族國家」。白魯恂（Lucian W. Pye）嘗認為歷史上中國從來都不是一個國家（指民族國家），而是一個文明。筆者認為這種說法雖不盡精確，但某種程度上接近了事實。人們也發現，中國近代以前佔主導地位的是文化

---

[3] 孫治本，《全球化與民族國家——挑戰與回應》（臺北：巨流，2001 年），頁 15-16。

[4] 金耀基，〈「百年來海峽兩岸民族主義的發展與反省」學術研討會論文集序文〉，載於洪泉湖、謝政諭主編，《百年來兩岸民族的發展與反省》（臺北：東大，2002 年），頁 1。

主義（culturalism），而非民族主義（nationalism），前者認同的是文化，而後者的根基是種族。數千年的中國文明中，中國人用文化認同來超越種族和血緣差異，形成了文化道德價值高於種族認同的「華夏中心主義」[5]（Sinocentrism）思想。若不是文化認同高於種族認同，中華民族兩千多年來的統一和延續是不可能存在的。但十九世紀中國在西方外力衝擊下，這種基於文化認同的民族主義便向認同民族國家的近代民族主義轉化，於是乎，中國以民族國家的形式邁入了二十世紀。[6]

二、近代中國民族主義的發展階段

在二十世紀上半葉，中國總共經歷了三次的政權更迭：1912 年滿清退位，中華民國肇建，1927-1928 年國民黨北伐，建立了南京的國民黨政權，和 1949 年中國共產黨建立了北京政權。我們細加推究即可發現這三次政權移轉的原動力皆是來自於民族主義，不過其思想內涵卻複雜有所不同。據此，筆者將百年來中國民族主義思想的發展劃分為三個時期，並說明如下：

（一）前期：反滿革命時期（1895-1911）

在討論甲午戰後的民族主義思想前，筆者認為有必要先說明甲午戰前的近代中國民族思想。近代中國民族思想主要有兩種不同的來源，一種是從

---

[5] 中國文化的民族認同中包含著兩極，高度的道德價值一元論組成了世界主義這一極。但是道德又被等同於儒家倫理，它使得中國儒家文化、制度和人倫等級秩序被視為世界第一，遠高於世界各國，它組成了中國人用儒家意識形態認同代替民族認同的另一極。這種兩極統一的民族認同方式導致了中國士大夫獨有的民族主義心態：首先是不能把任何人種、語言文字和習俗上的特徵作為民族認同的最後根據，有一種世界統一的「道」凌駕於一切其他文化價值之上。同時只有中國的倫常、制度和文化是最高道德價值之體現。因此中國是世界的中心，其他民族則按照其道德教化程度分成「夷」和「藩」而分布在中國的周圍。費正清（John King Fairbank）稱其為「華夏中心主義」（Sinocentrism）。請參見金觀濤，「創造與破壞的動力：中國民族主義的結構及演變」，載於劉青峰編，《民族主義與中國現代化》（香港：中文大學出版社，1994 年），頁 130。

[6] 民族主義研究學者漢斯・孔恩（Hans Kohn）稱十九世紀是「民族主義的世紀」，事實上，在二十世紀民族主義更成為改變世界的最大動力。兩次世界大戰都與民族主義密切相關，第二次世界大戰後，民族主義更是結束帝國主義與殖民主義的最有力的意識形態。在二十世紀的中國，民族主義亦造成巨大的影響。

西方傳來的，強烈受到西方的影響，接受西方民族國家觀念所形成的民族主義，主要始於甲午戰後；另一種則是傳統中國自古即有之，由於宋朝之後常受文化相對落後的游牧異族所侵，因此產生一種強烈的我族認同與自尊，一如春秋時代的「夷夏之防」，漢民族將野蠻的異族排拒隔離於外，認為「非我族類其心必異」。這種傳統的「夷夏之防」的觀念可說影響近代前期中國的民族主義思想甚巨，自清末鴉片戰爭至甲午戰爭時期，我國民族主義思想的淵源主要即來自於中國此一文化自尊的傳統。

甲午戰爭可說是中國近代史上的重要分水嶺，西方式的現代中國民族主義一直要到甲午戰後才逐漸興起，取代傳統的族類思想與文化主義，成為支配二十世紀中國歷史發展最重要的意識形態。[7] 誠如康有為所主張：「為今之治當以開創之勢治天下，不當以守成之勢治天下；當以列國並立之勢治天下，不當以一統垂裳之勢治天下」。[8] 梁啟超更是直言：「喚起吾國四千年之大夢，始自甲午一役始也！」皆說明了中華民族的近代覺醒是從甲午戰後才正式開始的，中國開始將自身從一個「帝國」或「天下」重新想像或改造為一個現代的「民族國家」。

辛亥革命的成功導致了 1912 年滿清讓位於中華民國，然而辛亥革命所憑藉的仍是中國傳統的民族主義，而並非是今日吾人所熟稔從西方傳來的民族主義，因為它的主要號召力仍是「排滿倒滿」，推翻滿清皇朝的統治。如同孫中山創立興中會時，雖也注意到歐洲民族主義的兩大特質——建立民族國家以及民族主義與民主主義共生的現象，但其後興中會與同盟會的誓詞中皆倡言：「驅除韃虜」，而其他革命黨人自然是對民族主義採取傳統的見解，視

---

7 請參見：李國祁，〈中國近代民族思想〉，載於李國祁等著，周陽山、楊肅獻主編，《近代中國思想人物論：民族主義》（臺北：時報文化，1981 年），頁 31。楊肅獻，〈梁啟超與中國近代民族主義：一八九六～一九零七〉，載於李國祁等著，周陽山、楊肅獻主編，《近代中國思想人物論：民族主義》（臺北：時報文化，1981 年），頁 109。

8 〈公車上書〉，載於《戊戌變法文獻彙編》（即中國大陸史學會所編《戊戌變法》）第二冊（臺北：鼎文書局），頁 140。

覆滿為第一要務，走向注重血緣種族論式的民族主義。[9]

　　筆者認為這裡需要加以說明的是孫中山的民族主義思想在覆滿之後的轉變。滿清覆亡之後，孫中山先生繼而提出「中華民族」的觀念，認為各族在中國境內只要接受中華文化則皆為中華民族的一份子，自此，中國民族主義的思想從注重血緣的種族論走向了國族整合的文化觀；同時，革命成功之後，孫中山民族主義革命的主軸則由倒滿的種族主義轉變為反帝反殖的民族主義，在新的世界關係中追求中國「民族國家」的獨立與平等。惟這裡要特別指出的是，孫中山所領導的共和革命實兼具民族主義與民權主義的性格，除了漢人倒滿人的「種族主義」外，尚有倒滿清的「反專制主義」，這種「民主的民族革命」可說相當程度地實踐了世界潮流中「民族主義與民主思想共生的關係」，契合順應了民族主義的世界思潮。

（二）中期：反抗帝國主義侵略時期（1912-1945）

　　覆滿成功之後，國家雖然建立，但中國的民族主義思想由於帝國主義列強的壓迫而更形激烈，其中特別是日本，於日俄戰爭中一舉瓦解俄國在東方的力量，更進一步把高麗變成殖民地，並逐步蠶食中國。而1919年的「五四」學生運動所標舉的「外抗強權、內除國賊」則可說是現代民族主義在中國的成熟具體表現。然而此時期中國的民族主義與一般民族主義卻頗為不同，它不若一般保守思想企圖維護舊有文化傳統以團結民族意識，相反地，它積極地打破傳統文化的窠臼，致力於文化的改造與創新，並引進各種外來的思想與理論。

---

[9]　學者陳其南嘗針對孫中山的民族主義與西方的「民族國家論」（ethnic nationalism）二者的差異提出另一精闢的觀點。根據他的分析，民族主義代表一種對於國家和政體如何構成之原則的強烈情感。近代民族主義主要是針對帝國主義政權擴張和殖民政策而產生，其目的在要求民族獨立，建立新的獨立國家，並擁有自主權力。這種民族主義精確地講應稱之為 ethnic nationalism，即「民族國家論」。而孫中山的「民族主義」則與這種「民族國家論」不同。孫中山提倡民族主義的用意在「推翻滿清帝制，重建新中華」，而不是以帝國主義列強為直接革命對象，也不是要在滿清之外，另建一個「民族國家」，因此一般人多視辛亥革命為民主革命或共和革命，而非「民族革命」。在本質上，這是同一國家之內的政治革命，亦即推翻舊政體，建立新政體。因此中山先生的「民族主義」與「民族國家論」實不相同。請參見：陳其南，《關鍵年代的臺灣》（臺北：允晨，1993年），頁 20-22。

這裡要特別提出來加以討論的是「五四運動」[10]與中國民族主義發展的關係。我們知道「五四運動」中的兩個核心主題是「反帝」與「啟蒙」，前者為一民族主義的政治性運動，而後者則為一反傳統與尚西化的文化運動。誠如學者汪榮祖所指出，自清末到五四以來，「中國近代民族主義最強烈的色彩依然是反帝」[11]；而啟蒙所標舉的反傳統與全盤西化則仍不脫文化民族主義的範疇，誠如學者李澤厚所言：

> 啟蒙的目的，文化的改造，傳統的扔棄，仍是為了國家、民族，仍是為了改變中國的政局和社會的面貌。它仍然既沒有脫離中國士大夫「以天下為己任」的固有傳統，也沒有脫離中國近代的反抗外侮，追求富強的救亡主線。[12]

我們發現反傳統的背後隱含的仍是傳統主義，一個相當傳統的思想模式，以及傳統的「以天下為己任」的價值觀，同時，在新時代與新思潮的激盪下，這股以西方文化來重新解讀、詮釋中國傳統的文化民族主義，賦予了民族主義獲得了嶄新的內涵。[13] 當然，「五四運動」最直接的影響便是喚醒中國的民族自覺，提高了中國的民族覺悟，成為中國近代史中最出色的民族主義運動。

其後，1927-1928 年北伐所建立的南京國民黨政權，亦是因中國民族主義情緒的激動高漲而迅速取得成功。原因在於 1924 年孫中山「聯俄容共」的主張引起了西方列強對國民黨的疑慮，因而對國民黨的活動處處掣肘、多加

---

[10] 「五四運動」原是 1919 年於北京的學生抗議活動，這裡筆者借用學者張玉法的觀點，以較為廣義的方式來理解「五四運動」，將「五四運動」等同於新文化運動，即從 1915 年到 1923 年間發生於中國的文化與政治啟蒙運動。請參見：張玉法，〈新文化運動時期的新聞與言論：1915-1923〉，載於《中央研究院近代史研究所集刊》（臺北：中研院近史所，1994 年），頁 285。

[11] 汪榮祖，〈中國近代民族主義的回顧與展望〉，載於劉青峰編，《民族主義與中國現代化》（香港：中文大學出版社，1994 年），頁 189。

[12] 李澤厚，《中國現代思想史論》（合肥：安徽文藝出版社，1994 年），頁 12。

[13] 王振輝，《中國民族主義與馬克思主義的興起──清末民初知識份子的困境與抉擇》（臺北：韋伯文化，1999 年），頁 115。

阻撓，尤以英國為最。1924 年香港政府暗中鼓動廣州「商團」與孫中山革命政府作對，以及 1925 年於上海英租界所發生的「五卅事件」即是著名二例。北伐的順利成功即歸功於民族主義思想的高漲而獲得成功。最後，在八年的對日抗戰中，國家民族可說面臨了生死存亡的關頭，中國民族主義亦發揮了巨大的力量而達到巔峰，終得擊敗日本，廢除不平等條約，在國際間與列強平等交往。

（三）後期：民族主義思想分歧時期（1946 年以後）

1949 年中共建立了北京的共產黨政權，主要也是憑藉民族主義，憑藉日本大規模侵略中國而國民政府忙於抗日之際，利用民族主義的激情，並對民族主義進行巧妙的操控與利用。利用民族主義的動員力量可說是中國共產黨獲得勝利的重要條件。例如利用抗日時期的經濟匱乏與貪污腐敗，以土地改革者自居，煽動知識青年與學生對國民黨政府的不滿，同時激化學運並爭取社會與論的支持，種種的作為逐漸使廣大的工農中下階層相信中國共產黨是代表民族利益的，是真正的中國民族主義者，而國民黨政權只是罔顧國家民族利益的腐敗統治者，至此，國民黨政府喪失了民族主義思潮的主導權，而最終喪失了中國大陸的統治權。

中共政權的成立可說主要是憑藉民族主義，因此也更加堅定其推動民族主義的決心。在群眾運動中，毛澤東極其看重民族主義的激情。他了解民族主義中的共識與共信之重要，其在群眾運動中所能引發的力量是無與倫比的。因此在群眾運動中，他利用民族主義的激情，將民族主義所建立的共識與共信和階級鬥爭不斷的相互為用，且視民族主義的共識與共信所造成的激情為階級鬥爭的原動力，而階級鬥爭又可加強民族主義的激情。如此循環不斷的反覆運用，使整個中國社會陷於激情之中，[14] 例如對內瘋狂的發動三反五反、大鳴大放、大躍進，以及文化大革命等各種運動，然而等到冒進政策導致了嚴重的危機，毛澤東便公開反對蘇聯修正主義，再度利用民族主義替自己解套，去解除意識形態認同的困境與危機。而對外則重新調動中國人百年

---

[14] 李國祁，〈共信與分歧──百年來中國民族主義的發展與海峽兩岸當前困境〉，載於洪泉湖、謝政諭主編，《百年來兩岸民族主義的發展與反省》（臺北：東大，2002 年），頁 19。

來對西方帝國主義侵略的憤怒情緒，以凝固人民對中共新政權的向心力與支持。「抗美援朝」參加韓戰與美國打仗，進而達成全國「反美」的目的，如此政權才能最大限度地建立在民族主義意識的基礎上。在上述的三個政權中，中共對民族主義的運用可謂達到了淋漓盡致的地步。

時至今日，中共依然積極地推動民族主義的激情並加以利用，但中國大陸實無明顯的外在威脅，且經濟正受惠於全球化市場，何以然呢？學者余英時推測認為主要有三個原因：首先是中共的意識形態的危機，因為馬列主義已破產，一黨專政的合法性必須另找基礎，民族主義加社會主義似乎是最方便的出路，可以繼續壓制人民對民主和人權的要求。其次是民族主義對海外華人仍具有很大的號召力。例如海外所謂中國將在多少年內達到與美國對抗的地位、若干華裔科學家預言「二十一世紀中國將成為科技大國」等。這種特殊的民族主義其實是「天朝」意識的復活，在海外是有市場的。第三是民族主義可以逼使臺灣早日就範。對於部分的臺灣人民，民族主義可以產生「認同」的效力，對於仍在抗拒或猶豫的人則可以有鎮攝作用。[15] 事實上我們發現，中共全力追求高科技武器的研究發展，與卓越揚名於世的體育競技，其目的實不外結合民族主義的激情以蔚為政權所用。今天中共口中常謂的「一個中國」政策與「不放棄以武力解決臺灣問題」等偏執往往即在民族主義的激情中成為一種理所當然的堅持，而中共自始至終即以民族主義的立場來對兩岸統一作訴求。

然而 1946 年之後民族主義在臺灣的發展，則與中國大陸漸行漸遠而產生分歧，其中 1947 年的「二二八」事件可說是重要的轉戾點。日本殖民統治時代臺灣民族主義基本上是屬於抗日民族主義，臺灣人意識主要仍在於反殖與解殖，與中國意識之間具有一定的依附關係，且二者並無明顯的矛盾。然而二二八事件的悲劇造成了臺灣人意識和中國人意識之間的決裂，本省人和外省人的對立，「孤兒意識」[16] 也轉化成為了反大陸（反中國）意識。此後，臺

---

[15] 余英時，〈「百年來海峽兩岸民族主義的發展與反省」學術研討會論文集序文〉，載於洪泉湖、謝政諭主編，《百年來兩岸民族的發展與反省》（臺北：東大，2002 年），頁 6。

[16] 日籍學者松永正義借吳濁流小說《亞細亞的孤兒》書名中「孤兒」一語，來描述日本殖民統治下的臺灣民族意識。「孤兒意識」乃因臺灣島內有日本殖民鎮壓和同化政策，而與中國大陸則有因歷史體驗不同所產生的隔閡。請參見：松永正義，〈「中國意識」與「臺灣意識」〉，載於若林正丈編《中日會診臺灣——轉型期的政治》（臺北：故鄉，1988 年），頁 112-113。

灣的民族主義思想即逐漸地與中國民族主義思想在認同上產生分歧，甚至產生對立與對抗。

三、民族主義與民主思想的關係

美國獨立革命和法國大革命所追求的民主自由平等，掀起了現代民族主義意識覺醒的序曲，民族解放運動從此勃然興起。我們赫然發現民族主義除了追求民族國家的建立外，民族主義與民主思想實呈現共生的現象。概因民族是個人結合而成的群體，個人有其自我意識，則民族自然也會據以形成其民族意識。民族主義若是指爭取一個民族的自由平等與獨立自主，那麼民主主義則是指爭取個人的自由平等與獨立自主，二者在性質上實屬一體，祇是其思想意識概為個體與群體的差異而已。例如法國大革命即因民權思想高漲，故民主思想帶動民族主義運動；另一情形則是統治者或領導者為了團結群眾，以爭取民族的獨立自主，而必須給予人民若干權利，則民權思想與民主意識因而產生，例如義大利及德國的民族主義運動帶動了其民族國家的統一建立與民主立憲政治的發展。簡言之，民族主義與民主思想實為一對雙胞胎。

然而在近代中國，歷史卻充滿弔詭，民族主義與民主思想共生的現象驟然變調。中國在反西方帝國主義的同時，找到了民族主義也得到了民族主義，然而卻也在西方國家身上發現了一樣東西，一樣中國人曾經模糊地想像但卻從未有過的東西，即民主思想以及背後整套民主的政治制度和與之相偕而行的個人自由與尊嚴。近代中國的民族主義訴求的是中國在世界上成為一個獨立自主的「民族國家」，這是追求中國人的「集體的自由」，而原應與之共生的民主思想追求的則是中國人的「個體的自由」，然而在近代中國，民族主義的集體意識始終淹沒了個體的價值，誠如學者李澤厚所指出，「救亡」與「啟蒙」作為近代以來中國思想史上的兩大主題，由於外侮不止，國將不國，因此「救亡」壓倒了「啟蒙」，從而中國現代的民主政治始終難以建立起來，民主思想更遑論像民族主義般在百年來的中國近代史上展現真實的威力。這一點是近代中國在推動現代化過程中非常關鍵性的因素，也是非常值得吾人深加探究的課題。從另外一個角度來看，或許這也就是為什麼民族主義相當

程度地影響兩岸關係的發展，而民主的理念卻總是無法為兩岸關係提供實質的惠助。

參、民族主義在中國大陸的發展

「中國是一頭睡獅，一旦覺醒，必將震動天下。」

——拿破崙（Napoleon Bonaparte, 1769-1821）

「中國成為超級強權的發展，被不詳的比擬成一百年前德國力量的興起。那個問題費了兩場可怕的戰爭才『解決』。尋求更好的方法，讓中國學會國際往來規範，將是明智之舉，如何做到這點，或許是一整代美國人最大的問題。」

——喬治・歐威爾（George Orwell, 1903-1950）

一、受到改革開放的影響

中國大陸自 1979 年改革開放以來，經濟實力快速增長，軍事力量大幅加強，國際間政治影響力也日益擴大，因此隨著中國大陸綜合國力的增強，中國大陸已被視為一「新興崛起的強權」（new rising power），甚至是可能威脅西方的霸權國家，一時之間關於「中國威脅論」[17]的說法似乎甚囂塵上。而隨著《中國可以說不》[18]一書的出現，中國大陸新一波民族主義也就成為國際間的關注焦點。這幾年，隨著中國大陸國際地位的日益提高，西方國家也越

---

[17] 「中國威脅論」者的一個主要觀點是：中國大陸的經濟發展在急劇地把中國推向一個世界大國的地位，但由於中國領導人只重視經濟的發展，而拒絕實行民主政治改革，所以中國的崛起勢必對現存世界和平和國際政治秩序構成極大的威脅。請參見：鄭永年，〈中國的民族主義和民主政治〉，載於林佳龍、鄭永年主編，《民族主義與兩岸關係——哈佛大學東西方學者的對話》（臺北：新自然主義，2001 年），頁 365。

[18] 該書由宋強、張藏藏、喬邊、古清生、湯正宇等五位中國大陸青年知識份子所著，1996 年在中國大陸出版以來，引起廣大的迴響與轟動，而成為海內外傳媒的焦點，並榮登中國大陸暢銷書榜。該書表現了中國大陸自改革開放後，青年知識份子從極端親美、崇美到疑美、反美的反思歷程，也可說某種程度地表現出後冷戰時代中國大陸青年知識份子的情感及政治選擇。請參見宋強、張藏藏、喬邊等著，《中國可以說不》（臺北：人間，1996 年）。

來越關注中國大陸這一波新興的民族主義，特別是對現有國際格局的影響，開始質疑中國大陸的快速崛起會不會導致稱霸於亞太地區，會不會對現存的國際秩序造成威脅。筆者認為事實上現階段中國大陸民族主義可說主要是對長期以來，以美國為首的西方霸權中心觀，特別是對西方政治壓力的一種回應，於是在挑戰與回應的過程中，民族主義巧妙地牽引了中國大陸許多面向的政治發展，同時也包括了兩岸關係的互動與發展，因此對改革開放後的中國大陸產生了相當程度深刻且具體的影響。

70 年代後和 80 年代初的改革開放初期，「富國強兵」與「落後就要挨打」等命題與口號依舊以愛國主義和民族主義作為動員的手段，而此時期的愛國主義和民族主義則為改革開放的路線賦予確立了合法性的基礎作用。在當時的氛圍下，愛國主義與對外開放、同西方友好二者是並行不悖的，然而為達「富國強兵」的改革開放逐漸引進西方的制度框架和價值觀念後，民族主義的主題便開始淡化。因此，從 80 年代中期開始，出現了一種以閉關自守為落後，以了解和學習西方為進步的時尚。此時，與西方世界交往的障礙被打破，大量西方的文獻與思想被引入，大量學生出國留學，各級幹部出國考察，各地政府競相爭取國外的資金，目的皆是為了愛國與富強。一時之間，狹隘的民族主義思潮受到冷落，相反的，崇尚西方與模仿西方成為一種時尚。

二、中國大陸民族主義的復興

然而到了 90 年代，令人感到有趣的是，歷經了十幾年的改革開放之後，民族主義的思潮卻重新興起，逐漸成為中國大陸一股相當有普遍性的社會思潮。學者祖治國從新保守主義的觀點出發認為：

最初的時候，是官方對愛國主義的大力提倡，知識界在私下悄悄討論。政府的提倡是將愛國與政治社會穩定以及抗拒西方的影響聯繫起來的，而知識界的討論目的則在於避免中國社會最壞的前景——政治解體與社會分裂和動盪。但也應當看到，民族主義的迅速興起固然有官方刻意提倡、學者有意倡導的原因。但更根本的原因是在於中國內部社會條件的

變化。其中重要的有如下兩點，一是「六四」和蘇東巨變強化了早已存在的政權合法性危機，二是經歷十幾年的改革之後，中國已經更深地介入到世界市場與國際社會中去，因此與其他國家特別是西方國家的利益摩擦也就因此而增加。前一個條件的變化增加了官方對愛國主義和民族主義的需求，而後一個條件的變化則無疑會強化在民眾中的民族主義反彈。[19]

無疑的，1989 年的「六四」事件和蘇東巨變與中國民族主義的興起有著重大關聯。「六四」之後對中共政權抱持強烈批判態度的知識份子，從蘇聯東歐政權垮臺的事件中受到巨大震撼，而一般人民對於蘇聯的解體更是深恐憂慮，擔憂中國也面臨社會解體的危險，於是乎民族主義的思潮開始醞釀、受到倡導、進而充當一種化解危機的有效工具。當然，筆者認為除了上述的原因外，從國際政治的角度來看，當前中國大陸民族主義的復興主要也是針對國際環境與西方政治壓力的一種回應，另外，中國大陸現今這一波新的民族主義浪潮也有可能是後共產政權的一般現象。

誠然愛國主義始終是十幾年來改革開放過程中官方一貫的主題，但民族主義在中國大陸則一直還都是一個敏感的話題。在中共官方的論述（discourse）中，「民族主義」一詞仍被帶有許多的貶抑，其概念尚無一個合法的位置，因此民族主義往往被隱晦於愛國主義之內。然而當我們要對民族主義的主張進行分析時，我們發現儘管民族主義已經成為一種可以強烈感受到的思潮，但真正正面主張民族主義的成文「文本」卻是極為缺乏的，這種情況似乎只有在《中國可以說不》一書出版後才有所改變 [20]。《中國可以說不》一書煽起了狹隘的民族主義思潮，其立旨在喚起新的民族主義精神，堅決主張要敢於向以美國為首的「霸權主義」與「強權政治」說不，可說一定程度地反映了中國大陸年輕一代於冷戰後的政治意識與情感抉擇。它的出版也象徵著民族主義情緒向民眾中的擴張，或許夾雜著一定程度的商業利益的運作，但它所受到的矚目與暢銷不可否認地是擁有相對應的社會基礎的。筆者認為「中國可

---

[19] 祖治國，《90 年代中國大陸的新保守主義》（臺北：致良，1998 年），頁 42。

[20] 祖治國，《90 年代中國大陸的新保守主義》（臺北：致良，1998 年），頁 41-42。

以說不」的背後即是 90 年代以來中國大陸新一波民族主義深層的心理意識與情感認同在催化發酵而成。

民族主義在二十世紀中國近現代史上可說發揮了強大的力量，從辛亥革命、北伐時期、五四運動乃至中共政權的成立，中國現代民族主義這股民族的集體認同與集體尊嚴的力量可說發揮得淋漓盡致。今天的中國大陸似乎沒有明顯的外在威脅，中共可以說正在擁抱市場經濟的全球化，然而在這個時候中共卻依然極力推動民族主義的激情，也造成海峽兩岸間民族主義的對抗儼然成形，呈現分庭抗禮的態勢，為兩岸關係的互動發展投下巨大的變數，這些都是相當值得吾人深思的課題。誠如歐威爾所言，中國強權的興起是美國人須要注意的問題，然而值得我們深思的是，伴隨著民族主義快速壯大發展的中共政權，難道不是當前身處臺灣海峽對岸的我們最為利害攸關的嚴肅課題嗎？中國民族主義復興的議題在西方學界、政界受到高度的關注，中國民族主義的未來發展也受到國際間高度矚目，這些難道不是臺灣最應關切的和平安全議題嗎？基此，本文即是期望透過對中國大陸民族主義的探討，為兩岸關係發展此一重要課題提供觀察與建言。

肆、民族主義在臺灣的發展

十九世紀中葉自鴉片戰爭開始，西方帝國主義勢力大肆侵略中國，即是中國現代民族主義開始萌芽滋長的時期。而 1895 年馬關條約將臺灣割讓給日本，初期臺灣人民最直覺的反應仍然是「中國式」的，以中國民族主義的反應方式來反對日本的佔領與統治臺灣。後來在異族統治下的臺灣人，基於對自己生活的無力感和無奈感，只有接受日本殖民壓迫和與祖國分離的事實。於是，一種混合著認命、現實主義、怨懟感（resentment）的複雜意識，以及一種身為棄民不得不自尋出路的意識成為日本殖民統治下大多數臺灣人思考自身以及臺灣未來的出發點。[21] 這就是早期臺灣民族主義產生的源頭。

---

[21] 早期的臺灣民族主義（即反抗日本殖民統治下的臺灣民族主義）其內涵如下：「處於被中國遺棄，孤立無援，必須獨自面對日本帝國統治的現實中，臺灣人菁英在反殖民鬥爭過程中，逐步發展出一個政治的臺灣民族主義論述；這個政治的臺灣民族主義論述將臺灣人想

　　惟此處要特別強調的是臺灣光復後，以及國民政府播遷來臺後，官方民族主義所強調的始終是中國的大一統，也就是追求統一的中國民族主義。而事實上在 80 年代以前，絕大多數的臺灣人民在政治認同上亦傾向於中國的統一，追求分離的臺灣民族主義者恐屬相對少數。一直要到近二十餘年由於臺灣的政治民主化與來自中國大陸的武力威脅，才使得臺灣的國家認同內涵產生變化。另一方面，所謂「臺灣民族主義」其指涉的並非是早期反抗日本殖民統治下的臺灣民族主義，而比較是論述如何逃離中國這個強大的中央極權國家的政治控制，且擺脫國民黨「外來政權」的統治，以確保臺灣人或臺灣民族作為一個相對弱勢「民族」所應享有的集體自決權，並進而致力追求臺灣成為一個民族國家的臺灣民族主義。

一、臺灣民族主義的主張

　　臺灣民族主義者（Taiwanese nationalist）認為臺灣自有信史以來，臺灣人即一直被外來政權所統治，因此，擁有屬於自己的國家一直是臺灣人魂縈夢繫的目標，或者說臺灣民族主義者指的是那些不惜犧牲奮鬥、努力要使臺灣成為一個民族國家的人。因此，根據民族自決權的理念，臺灣民族運動就是如何將臺灣變成「臺灣人的臺灣」，而「臺灣民族主義」（Taiwanese national-ism）就是指導其行動的最高信條。而從臺灣民族主義運動努力的方向來看，一方面想要將一個傳統的漢人墾殖社會（settlers' society），以本土化的方式轉化為現代民族國家；另一方面，要將鬆散的「臺灣人」（Taiwanese people）凝聚為「臺灣民族」（Taiwanese nation）。換言之，臺灣民族主義運動所追求的臺灣獨立建國運動，乃對內進行臺灣民族的「民族塑造」（nation building）與「國家打造」（state building），亦即所謂的「國族打造」（nation-state build-ing），對外則尋求臺灣的「國家肇建」（state-formation）。

像成一個擁有民族自決權以及未來的國家主權的被壓迫的弱小民族。」相關論述請參見：吳叡人，〈臺灣非是臺灣人的臺灣不可：反殖民鬥爭與臺灣人民族國家的論述 1919-1931〉，載於林佳龍、鄭永年主編，《民族主義與兩岸關係——哈佛大學東西方學者的對話》（臺北：新自然主義，2001 年），頁 48。

我們發現臺灣民族主義（者）兼採「原生論」（primordialism）與「建構論」（constructivism）的見解，認為臺灣（人民）是一個獨特的民族，或者臺灣（人民）有資格成為一個民族。採「原生論」見解者強調臺灣四百年來乃一個移民社會，擁有獨特的血緣、文化、語言、地理與宗教信仰等等。而如果這樣的見解還不具說服力，則輔以「建構論」的觀點，強調臺灣人民集體的生活經驗與歷史記憶已使臺灣人民的命運休戚與共，進而形成一「生命共同體」或「命運共同體」，這是無法改變的事實與決心，也是臺灣民族的有力證成。這個觀點或許可用 Ernest Renan 的話來再加以詮釋：

> 國家是由患難與共的感受和立志奉獻的情操整體凝聚而成。國家預設一段歷史，這段歷史到了現在便化約成一項明顯的事實，那便是國家認同，人民明白表達同舟共濟的願望。如果各位容許我用這樣的比喻的話，正如個人的存在代表的是分分秒秒的自我肯定，國家的存在可說是時時刻刻進行的公投（daily plebiscite）。[22]

其實不管是基於「原生論」或「建構論」的觀點，臺灣民族主義（者）皆不忘對 Benedict Anderson 的「想像的共同體」做出最有利於臺灣民族形成的積極正面詮釋，或者援引 Ernest Renan「民族是每日的公民投票（daily plebiscite）」的說法，去強調我們都是同一族人，而至於每日公民投票的結果則其答案永遠都是「願意繼續成為同一族人」。

二、臺灣民族主義的內涵分析

臺灣民族主義運動的目的除了追求臺灣成為一個主權獨立的國家外，對內則在於型塑建立一個所謂「臺灣民族主義共同體」。臺灣民族主義共同體的內涵也隨著外在主客觀環境的改變而轉化，最早期的臺灣民族主義強調的是血統或籍貫，後來強調的是個人的主觀意願，之後又再強調地理位置上的海洋特性與經濟上的活動能力，而它的性質也由原先封閉排外的一種純粹的本質論轉化至逐漸具有開放性與包容性的目標論。筆者試說明分析如下：

---

[22] Ernest Renan 著，李紀舍譯，〈何謂國家？〉，《中外文學》，第二十四卷，第六期（1995年11月），頁16。

（一）血統論

戰後初期的臺灣民族主義是具有高度排他性的，以省籍的「血統」來區分臺灣人或非臺灣人。如同前文所提，廖文毅是早期主張臺灣民族主義的代表人物，也是抱持強烈的「血統論」者。日本殖民統治時代臺灣人意識主要在於反殖與解殖，與中國意識之間可說仍具有依附關係，然而 1947 年二二八事件的悲劇之後，臺灣人意識和中國人意識之間可說開始決裂，也促使了臺灣意識的臺獨化。據此，廖文毅認為為了要發展臺灣獨立運動，也為了要號召臺灣人民，並讓外國人士了解臺灣獨立的原因，最簡單有效的方法就是在血緣上做出區別，證明「臺灣人不是中國人」，並進而強調「臺灣不屬於中國」。事實上，這種血統論的觀點似乎呈現一種「自以為是的」（self-perceived）信仰，而且後來在很大程度上往往淪為「籍貫論」或「省籍論」的二元差異甚至對立。

（二）認同論

「認同論」告別了「血統論」的迷失，揭示了所謂「臺灣人」的新概念：「不管出生何地，不管何時來臺，凡是認同臺灣的，都是臺灣人。」換言之，臺灣人身分的認定不再是所謂的血統，而轉變為個人的主觀意願，不論是本省人或外省人，只要是認同臺灣，就是臺灣人。[23] 其主張誠如前臺獨聯盟主席張燦鍙所言：[24]

---

[23] 留日學者黃昭堂將此理念稱為「無差別認同論」，而這波概念約始於 1970 年代中葉的臺灣獨立運動陣營中，其主要內涵如下：一、以臺灣為認同的對象；二、不將「在臺大陸系人」認為特殊的存在，即不以他們因為是外來人而在待遇上，比本地的臺灣人不利；三、依照原來的臺灣民族的定義，客觀上應屬於「臺灣人」、「臺灣民族」的一份子的人，在「無差別認同論」之下，每人主觀上亦必須認同臺灣才算是臺灣人，他們若認同中國即算是中國人。這種劃分的方法是非常嚴重的事情。因為依一般觀念應屬於臺灣人者，也被要求認同臺灣而不能同時認同中國。相關論述請參見：黃昭堂，〈戰後臺灣獨立運動與臺灣民族主義的發展〉，載於施正鋒編，《臺灣民族主義》（臺北：前衛，1994 年），頁 215-216。

[24] 黃嘉光、王康陸、陳正修合編，《臺灣獨立運動三十年：張燦鍙選集》（臺北：前衛，1991年），頁 6。

蔣家政權霸佔臺灣以來，一直運用「分而治之」的策略挑撥離間，蓄意造成臺灣人與大陸人之間的膈膜與摩擦，鑄成嚴重的地域歧視。獨立建國之後，我們要徹底消滅這種現象。臺灣人，凡是認同於臺灣，熱愛臺灣，將臺灣看做家鄉，願意和臺灣共命運的人，無論是第幾梯次遷徙來臺灣，都是臺灣人，都是臺灣獨立後平等的新國民。

「認同論」的提出首先乃著眼於擴大認同團隊，接受外省人以減低臺灣獨立建國的社會阻力。其次，臺灣民族主義運動人士認為爭取外省人士的政治支持以打破威權體制、加速政治革命，最好的方法策略就是將外省人與蔣家政權區隔，以利加快民主化與本土化，因此，臺灣民族主義共同體的內涵即轉變為：「只要認同臺灣，就是臺灣人。」然而這種強調個人主觀意願的身分認同主張雖然可說一夕之間改變了長期以來對外省人的外在態度，但似乎仍無法超越省籍差異而具備積極的社會凝聚力，去彌平省籍裂痕與族群鴻溝。例如「二二八」悲劇所帶來的族群陰影與爭議始終無法超越，似乎仍繼續左右臺灣的族群關係。

（三）海洋臺灣論

自 90 年代開始，有人嘗試從臺灣的地域特性——海洋出發，去凸顯臺灣共同體的文化特色，並作為論述臺灣共同體的基礎。在這樣的嘗試中，海洋文化與大河文化成為比較臺灣和中國大陸的一組地域差異，海洋臺灣也因此成為討論臺灣共同體時經常出現的地域符號。[25] 誠如廖中山所言：[26]

以「喚醒臺灣人沉潛的心靈、保護海洋，發展臺灣」為宗旨……，竭力推動「奔向海洋」及「淨海愛臺灣」等全民長期性運動，並以建立海洋屬性的新興民族、國家為終極目標。……臺灣不同於港澳，臺灣人也與

---

[25] 張昭仁，〈大河文化 vs. 海洋文化：專訪石朝穎教授〉，載於張昭仁編，《重拾臺灣社會心靈》（臺北：海洋國家文化，1997 年）。

[26] 廖中山，《「老中」再見啦！：廖中山的海洋心、臺灣情》（臺北：禾雅文化，1998 年），頁 6。廖中山生於中國大陸河南省，1949 年隨軍隊來臺，後從事教職。1992 年，他成立「外省人臺灣獨立協進會」，並擔任會長。1995 年，其又成立「海洋臺灣文教基金會」擔任董事長，致力於相關的社會運動。

該兩地人民全然不同。以個人的蛻變為例：我是在十年前，由夢幻的祖國，回歸到自己生活的土地；如今我意識到「臺灣」以及真正的「臺灣人」，應該回歸實際生活的海洋。臺灣人原本是大海之子，絕不是虛幻的「炎黃子孫」或「龍的傳人」。

「海洋臺灣論」可說巧妙地迴避擺脫了血統、籍貫與身分認同的爭議，頗具包容性且爭議性也最小，但也正因如此，這種論述明顯無法成為解決臺灣認同紛爭的主流論述，同時這種論述的背後目的明顯地就是要與中國意識相區隔而追求臺灣獨立，因此限制了這種論述被討論的空間。

（四）新興民族論

許信良的「新興民族」（The Rising People）論則企圖超越臺灣歷史的悲情意識與殖民情節（不管是日本的殖民統治或所謂國民黨的「內部殖民」），為臺灣共同體建立一種正面積極的認同與宏觀的視野。許信良認為，正因臺灣人不拘泥所謂「正統」、「純正」觀，擅於接受「異」文化的特質，因此可以躍居成為世界的新興民族。「新興民族」論的主要觀點如下：

> 在世界歷史上，有些原本處於落後或邊緣地位的民族，忽然躍升到先進或中心地位。這樣的民族，就叫新興民族。新興民族具有同時代的其他民族無法與之競爭的特別能力。新興民族具有不能以它的物質條件衡量的特別潛力。新興民族會對世界產生足以讓文明飛躍發展的特別影響力。……新興民族所以具有同時代的其他民族無法與之競爭的特別能力，只是因為它知道的比同時代的其他民族多，它的活動力比同時代的其他民族強。……就像十三世紀威震世界的蒙古人，十七世紀入主中國的滿洲人，十六世紀和十七世紀之間的海上霸權荷蘭人，十八世紀和十九世紀建立日不落帝國的英國人，以及本世紀當紅的美國人和日本人，臺灣人民是正在崛起的二十一世紀世界的新興民族。[27]

新興民族論從移民（社會）與歷史文明的觀點出發，去闡釋一個民族如

---

[27] 許信良，《新興民族》（臺北：遠流，1995 年），頁 17-18。

何在面對歷史的挑戰與回應中，追求向上提升與向前邁進的歷程。其中特別強調臺灣人「知道的比別人多，活動力比別人強」實乃受惠於多種文明的匯集。它可以說擺脫了族群的衝突與緊張，以及政治上的統獨爭議，相對地從文化與經濟的角度去重構（reconstruct）對臺灣共同體的認同。這種觀點可說告別了臺灣過去的歷史悲情與集體記憶，重新塑造了一種新的且健康的臺灣人形象，豐富了臺灣共同體論述的內容。我們可以說許信良的「新興民族」論所顯示出來的臺灣國族論與前述的臺獨國族論有著相當大的差距。

伍、結語

時至今日對臺灣大多數的人來說，在文化認同上，認同臺灣與認同中華文化顯然可以重疊，但是就政治認同而言，認同臺灣和認同中國似乎已是逐漸互斥的命題。只能說在認同自己是中國人也是臺灣人的雙重認同中，許多人將「中國人」理解成一種文化（華人）或種族（漢人）的概念，而在政治上，大多數的臺灣人民已逐漸認知與接受臺灣或中華民國是一個主權獨立的國家或政治實體。儘管臺灣的國家認同爭議懸而未決，但值得欣慰的是，大多數臺灣人民已能接受用溫和漸進與民主的方式，如溝通協商、和解包容、以及服從多數和尊重少數等民主素養，來處理國家認同的爭議與衝突。這種有別於過去「族群民族主義」（ethnic nationalism）的「公民民族主義」（civic nationalism）正逐漸成形中。誠如 Juan Linz 所指，在存有認同衝突的分裂社會，民主若要得以鞏固，則人民所應努力建立的並非是「民族國家」（nation-state）（或稱族國），而是「國家民族」（state-nation）（或稱國族），因為後者是以共同生活的政治社群作為國家認同的對象，並且容忍甚至欣賞多重相異的民族想像。誠然臺灣的統獨問題一時難解，中國意識與臺灣意識的對立與衝突亦難避免，但筆者相信臺灣民主化的堅持與深化將是解決臺灣族群問題與國家認同問題的最後有效方式。

參考書目

中文文獻

Ernest Renan 著，李紀舍譯（1995），〈何謂國家？〉，《中外文學》，第二十四卷，第六期。

王振輝（1999），《**中國民族主義與馬克思主義的興起——清末民初知識份子的困境與抉擇**》。臺北：韋伯文化。

朱諶（1995），《**近代西洋民族主義思想**》。臺北：幼獅。

余英時（2002），〈「百年來海峽兩岸民族主義的發展與反省」學術研討會論文集序文〉，載於洪泉湖、謝政諭主編，《**百年來兩岸民族的發展與反省**》。臺北：東大。

吳叡人（2001），〈臺灣非是臺灣人的臺灣不可：反殖民鬥爭與臺灣人民族國家的論述 1919-1931〉，載於林佳龍、鄭永年主編，《**民族主義與兩岸關係——哈佛大學東西方學者的對話**》。臺北：新自然主義。

宋強、張藏藏、喬邊等著（1996），《**中國可以說不**》。臺北：人間。

李國祁（2002），〈共信與分歧——百年來中國民族主義的發展與海峽兩岸當前困境〉，載於洪泉湖、謝政諭主編，《**百年來兩岸民族主義的發展與反省**》。臺北：東大。

李國祁（1981），〈中國近代民族思想〉，載於李國祁等著，周陽山、楊肅獻主編，《**近代中國思想人物論：民族主義**》。臺北：時報文化。

李澤厚（1994），《**中國現代思想史論**》。合肥：安徽文藝出版社。

汪榮祖（1994），〈中國近代民族主義的回顧與展望〉，載於劉青峰編，《**民族主義與中國現代化**》。香港：中文大學出版社。

松永正義（1988），〈「中國意識」與「臺灣意識」〉，載於若林正丈編，《**中日會診臺灣——轉型期的政治**》。臺北：故鄉。

金耀基（2002），〈「百年來海峽兩岸民族主義的發展與反省」學術研討會論文集序文〉，載於洪泉湖、謝政諭主編，《**百年來兩岸民族的發展與反省**》。臺北：東大。

金觀濤（1994），〈創造與破壞的動力：中國民族主義的結構及演變〉，載於劉青峰編，《**民族主義與中國現代化**》。香港：中文大學出版社。

孫治本（2001），《**全球化與民族國家──挑戰與回應**》。臺北：巨流。

祖治國（1998），《**90年代中國大陸的新保守主義**》。臺北：致良。

張玉法（1994），〈新文化運動時期的新聞與言論：1915-1923〉，載於《**中央研究院近代史研究所集刊**》。臺北：中研院近史所。

張昭仁（1997），〈大河文化 vs. 海洋文化：專訪石朝穎教授〉，載於張昭仁編，《**重拾臺灣社會心靈**》。臺北：海洋國家文化。

許信良（1995），《**新興民族**》。臺北：遠流。

陳其南（1993），《**關鍵年代的臺灣**》。臺北：允晨。

黃昭堂（1994），〈戰後臺灣獨立運動與臺灣民族主義的發展〉，載於施正鋒編，《**臺灣民族主義**》。臺北：前衛。

黃嘉光、王康陸、陳正修合編（1991），《**臺灣獨立運動三十年：張燦鍙選集**》。臺北：前衛。

楊肅獻（1981），〈梁啟超與中國近代民族主義：一八九六～一九零七〉，載於李國祁等著，周陽山、楊肅獻主編，《**近代中國思想人物論：民族主義**》。臺北：時報文化。

廖中山（1998），《**「老中」再見啦！：廖中山的海洋心、臺灣情**》。臺北：禾雅文化。

鄭永年（2001），〈中國的民族主義和民主政治〉，載於林佳龍、鄭永年主編，《**民族主義與兩岸關係──哈佛大學東西方學者的對話**》。臺北：新自然主義。

謀殺，以快感之名：
當代驚悚電影的連續殺人邏輯

張維元

福建省龍岩學院文學與傳媒學院講師

摘要

　　本文以 Lacan 精神分析理論延伸出來的「超我化暴力」與概念為分析框架，透過影片《火線追緝令》(Seven)，並輔以《奪魂鋸》(Saw) 為分析物件，探索當代驚悚電影中連續殺人狂的謀殺快感邏輯，並通過將此一分析成果置放回更廣闊的影片脈絡中，為電影的核心題旨提供分析性詮釋。本文認為影片中連續殺人狂的謀殺暴力乃由倒錯快感所啟動的「超我化暴力」，並由此脫離了「病理化暴力」與「踰越性 (transgressive) 暴力」的範疇。本文以為，《火線追緝令》與《奪魂鋸》之所以成為當代驚悚電影的經典，乃因為它們戲劇化地展演出超我化暴力快感的運作流轉，此外，透過這一展演，兩部電影更為我們建構出比一般性罪惡更為恐怖的終極罪惡，並由此為我們描繪出「邪惡」內部的差異性斷層。

關鍵詞：Lacan、倒錯、超我、連續殺人、火線追緝令、奪魂鋸

壹、導言

主要以《火線追緝令》（Seven），並輔以《奪魂鋸》（Saw）為分析物件，本文試圖從「快感」（enjoyment）的角度釐清當代驚悚電影的連續殺人邏輯，並以此分析成果回歸電影文本進行再詮釋，說明這兩部當代經典之邪典電影（cult movie）在描繪「邪惡」概念上的延異創新。作為當代經典，《火線追緝令》與《奪魂鋸》已經吸引了許多評論性文字的寫作，但一般論者的分析通常聚焦於兩部電影的懸疑設置策略、運鏡與剪接技巧、黑色美學建構與敘事策略等面向，對於劇中的謀殺快感邏輯較少觸及。借用 Jacques Lacan 的精神分析理論中對「倒錯快感」（perverse enjoyment）與「超我」（superego）的討論，本文試圖分析《火線追緝令》與《奪魂鋸》中連續殺人狂的謀殺快感邏輯，並由此打開一條差異化的詮釋路徑。

本文分為三個部分。首先，通過與 1960 年代驚悚電影經典《驚魂記》（Psycho）中的連續殺人狂比較，本文將突顯《火線追緝令》與《奪魂鋸》中連續殺人狂形象的模式轉換，並由此奠立以 Lacan 的為分析入口的合理性；第二部分引介 Lacan 理論中倒錯與超我的概念，並以這些概念對影片中的謀殺快感進行詮釋性分析；第三部分將前一部分對連續殺人快感的分析成果置放回更廣闊的影片文本脈絡中，重新詮釋整體文本的意義，這一部分的論述主要通過重新評估《火線追緝令》影片中對「罪惡城市」的故事場景設定，及此一設定與影片中之連續謀殺兩者間的關係來進行。

貳、連續殺人狂形象的模式轉換

「殺手形象」一直是以連續殺人狂為主題之驚悚片的核心元素。此類型電影中，殺手不只是核心角色，更是故事展開的決定性中心轉軸，影片基本上沿著殺手的虐殺計畫逐步展開，而觀眾對故事的理解則由虐殺計畫的揭露程度所決定。當然，電影的高潮總是在於殺手神秘意圖的最終揭露，某種程度上，這一最後意圖揭露的巧妙程度經常決定著這一類型電影的成敗。如果上述「連續殺人狂的形象、計畫與意圖乃此類型電影的運轉核心」這一說法可以

被接受，則比較從 60 年代電影到當代電影中連續殺人狂形象之轉變便可能是理解此類型電影歷時性演變的可行方法之一。更重要的，此一變化的突顯也將為後續針對《火線追緝令》與《奪魂鋸》相關分析文字的聚焦提供合理性基礎。

　　於 1960 年上映，由 Alfred Hitchcock 導演的《驚魂記》早已在影史上奠立了經典地位，於該片中所誕生的連續殺人狂 Norman Bates 更被成功地塑造為連續殺人狂的經典形象。影片中我們連續目擊那無法看清形象，卻能清楚聽見其聲音的「母親」揮刀殺人，影片的最後高潮也正在於揭露 Bates 即是殺人母親形象的真正扮演者。Bates 平時只是一個從其家族繼承下來之汽車旅館的小老闆，如同所有健康的成年男性，他很容易被來店住宿的美麗年輕女性所吸引，但他的母親卻持續地以令人厭惡的聲音與咒罵的口吻警告他年輕美麗女性的危險性，並要求他的兒子離她們越遠越好。在影片中，我們一直看不到這位霸道母親的形象，我們只聽到她的聲音從旅館後面的古宅中傳出，她難聽的咒罵聲與 Bates 對母親不耐煩卻順從的對話不斷地在 Bates 離開旅館走回古宅後從房子內部傳出，配合這一對話的鏡頭則只停在古宅外面，這一聲畫配對的方式讓我們有著古宅本身在講話的離奇感。如研究者已指出的，《驚魂記》所環繞的懸疑母題即是「將聲音附著回身體的不可能性」（Chion, 1992: 195），那高分貝、充滿咒罵的母親聲音如同鬼魅般飄蕩於所有空間，持續地進行謀殺，我們卻一直看不清其形象，而當聲音找回其身體時，它卻黏附回了錯誤的身體，也就是回到了 Bates 身上，母親真正的身體則被製成木乃伊般保存著。這一以聲音找回身體，但卻是錯誤的身體的懸疑解決，更讓電影結尾顯得離奇與不可思議。影片最後一個鏡頭，Bates 對著鏡頭詭笑，背景音卻充斥著母親的聲音，更是一鏡式地再現了整部電影的驚悚母題。整體來說，《驚魂記》中 Bates 的連環謀殺是一種病理化暴力，這一暴力源於對內在精神衝突的解決，Bates 的母親生前阻擋他與異性交往，母親死後，Bates 因將母親的命令「內化」而產生精神分裂，一旦遇到對自己具吸引力的異性，Bates 那內化的母親意識就會驅使 Bates 變裝為已死的母親，並將該女性殺害。

　　相對於《驚魂記》中的 Bates，《火線追緝令》與《奪魂鋸》中的續殺人狂 John Doe（無名氏）與拼圖殺人狂則主動搜尋生命中犯下特定罪行的目標受害人，並透過縝密的殺人計畫讓其直接死於其所曾犯下罪惡之中。《火線追緝令》中的殺手讓犯下「七宗罪」（驕傲、忌妒、暴怒、懶惰、貪婪、暴食與色欲）的人直接溺死於其罪惡中，如將犯下暴食罪的人餵食至死；將驕傲的名模毀容，然後讓其在「通報救援但以醜陋模樣繼續生活下去」與「放棄通報救援，直接舉槍自盡」兩者間作出選擇，讓名模死於她無法放棄美麗的驕傲；將犯下懶惰罪的人注入大量迷幻藥物，但通過照護讓其長期臥床，使其身體殭屍化，直接懶死等等。《奪魂鋸》中的拼圖殺人狂則搜尋任何不尊重「生命」之人，讓其死於其不尊重生命的行為，如殺手於片中持續覆誦的「不珍惜生命之人，不值得擁有生命」或「我要看你為了保住自己的性命能走的多遠」等等。譬如，讓一個曾經割腕自殺獲救的人，爬過利刃構成的鐵籠以避免被封死在地下室內孤獨死去，被害者死於為求生而掙扎爬過的刀刃鐵籠。這一方面讓被害者自己證明自己當初不珍惜生命的愚蠢，又於另一方面證成一個大寫化「生命」概念的價值。

　　和《驚魂記》相比，《火線追緝令》與《奪魂鋸》中的殺手沒有清楚的精神病理現象，而和 Bates 無針對性、無計劃性的謀殺相比，John Doe 與拼圖殺人狂的連環謀殺是計劃縝密的、具有清楚策略原則的。此外，《驚魂記》的謀殺真的意在殺人，而《火線追緝令》與《奪魂鋸》中的殺手則是個極端講究的「方法論者」，強調以「對的」方法殺人。再次，《驚魂記》的殺手傾向掩埋犯罪事實（Bates 總是在謀殺後，將被害人的汽車連屍體一起沉入湖底）並躲避追查，《火線追緝令》與《奪魂鋸》的殺手則喜歡展示謀殺奇觀，如《火線追緝令》中的殺手稱其一系列謀殺為「作品」，而《奪魂鋸》前述謀殺場景中的刀刃鐵籠則像極了一個裝置藝術，正因為喜愛展示，後者幾乎不掩蓋其罪行。總體來說，以上這些連續殺人的「特徵式」差異可以被收納為一條相對「邏輯式」差異之中，亦即，《驚魂記》的謀殺乃防衛式的減低心理痛苦，謀殺本身是一種解決方案，相對於此，《火線追緝令》與《奪魂鋸》中的連環謀殺則是在積極的追求快感，謀殺本身只是一種手段，受害者的死亡不僅有著解脫之

意，在整個計畫中，受害者的死亡本身甚至是反高潮的，真正的高潮乃受害者邁向死亡過程中痛苦的、奇觀化的歷程。

在此一論述脈絡下，我們可以發現，作為連續殺人狂，儘管受精神分裂之苦，1960 年代出生的 Bates 相對容易理解，而分別於 1990 年代末期與 2000 年初期出生的 John Doe 與拼圖殺人狂則難解的多。在沒有清楚病理狀態下，我們如何詮釋這種「作品化」的連環謀殺？如何詮釋這種淫邪的施虐快感？這一快感又如何流動運轉？筆者以為，Lacan 精神分析理論的論述可以幫助我們進一步理解這一風靡當代電影界的連續殺人狂形象。

參、處於神魔交界的倒錯快感

當代知名的媒介文化研究者 Richard Dyer 曾指出，《火線追緝令》對連環殺手形象的建構顛覆了一般的常識性看法。在一般性認知中，連續殺人狂是反社會、反道德的激進他者。與此正好相反，《火線追緝令》中的連環殺手卻對社會律法與社會規約產生了「過度認同」（over-identification）（Dyer, 1999: 47）的傾向，而一連環殺手「對上帝律法（亦即，影片中的「七宗罪」）的認同過剩可被視為他對一般性律法過度認同的一個面向」（同上註：70）。

Dyer 的詮釋點出了《火線追緝令》與《奪魂鋸》中當代連續殺人狂的深刻之處，亦即一般狀況下被視為對立兩面的「律法規約」與「暴力快感」在影片中相互混生的離奇景象，但這一詮釋卻有幾個問題。第一，這一詮釋忽略了影片中連環殺人的快感因素，而此一因素卻是影片中最為難解，與最具吸引力的核心面向。第二，這種詮釋基本上預設了 Althusser 或 Foucault 的主體觀，也就是認為個人可以被社會規約「召喚」（interpellated）或「接合」（articulated）進入既存社會體系中，被轉換為一「從屬化」（subordinated）的主體，這種從屬化主體的預設不合於影片中連續殺人狂接近全能且能控制整個故事世界的形象。最後，這一詮釋只強調「量」的差異（所謂的「過度」認同），這種解釋將無法清楚分辨成功社會化的一般人與連續殺人狂間的區別，也就是，「到底多少認同算是正常的，又多少認同可說是過度的？」這一難以

回答的問題。通過 Lacan 精神分析理論對於快感邏輯的討論，我們將能一方面詮釋影片文本中律法與暴力快感的奇異融合，並於另一方面從「質」的角度，辨析其與一般社會化主體對律法認同狀態之差異。

　　Lacan 理論一方面強調律法規約對主體的深刻影響，但又同時認識到快感主體不可能完全同化於律法，而可以針對律法採取不同位置這一觀念起點[1]，將有助於我們進一步理解影片中奇異的連續殺人邏輯。必須首先說明的是，Lacan 作品中所談論的律法「並不指涉特定的法條，而是作為社會關係的基礎性原則」（Evans, 1996: 98）。其次，同時也是更重要的，在 Lacan 理論中，快感主體對律法的態度是搖擺與模擬兩可的，因為對快感主體來說，律法一方面是終極幸福的指引，但另一方面，律法持續地被快感主體經驗為一種阻礙即時快感追求的閹割（castration）。快感主體的這種曖昧態度使律法無法脫欲望與踰越（transgression）的糾纏，如 Slavoj Žižek 所言，根本沒有「中立地」遵守律法這種事，我們遵守律法時，總是先投射出一個被律法禁制的誘惑世界，然後通過抵抗那個誘惑世界來倒回來遵守律法，也就是說，主體「對律法的遵守總是已經由對踰越的欲望進行壓抑所媒介」（Žižek, 2005: 100）。簡言之，在 Lacan 理論中，一般性的快感主體乃是一個持續徘徊於律法之前，不知如何是好的主體，對這一主體來說，律法是個既難以完全認同又難以完全擺脫的麻煩物件。律法對我們作出「禁止暴力」的指示，雖然這並不能實質地阻止暴力的發生，它甚至常常反而助長暴力的誘惑，但一般性的快感主體在做出暴力行為後，懊悔與罪疚感隨之而來，這一「暴力—後悔」的迴圈乃是一般快感主體暴力行為的宿命。

　　《火線追緝令》與《奪魂鋸》的連環殺手則是透過倒錯快感的策略擺脫了上述的「暴力—後悔」之迴圈，並由此進一步強化其謀殺暴力的快感。倒錯暴力與一般性暴力最大的差別處在於，一般性暴力是一種對律法的逾越，而倒

---

[1]　正因為 Lacan 精神分析理論認為，快感主體不可能與其所認同的律法、規約與既存秩序完全合一，所以 Lacan 學派的學者持續地反對 Althusser 式或 Foucault 式的主體觀。Slavoj Žižek（1989: 126, 139）反覆地強調意識形態召喚總是「失敗的」，而精神分析的快感主體總是「超越召喚的」。另一方面，更有知名的 Lacan 學派學者以整本書的篇幅反對 Foucault 式的主體觀，參見 Copjec（1996）。

錯化暴力則透過**故意設下不可能被遵守的律法來獵捕受害者，然後以律法之名行使暴力，由此一方面升高暴力快感，又於另一方面否認暴力快感的存在**（「不是我要⋯⋯是他先⋯⋯我才⋯⋯」）。Dyer 在分析《火線追緝令》的專書中提醒我們注意，影片中連續殺人狂所選擇要懲罰的「罪惡」十分奇特，殺手所選擇的並非當代社會認為罪大惡極之事，如強暴、性侵兒童或甚至謀殺，而是選擇了只被當代社會認為是瑕疵的行為，如「暴食」，或甚至是被隱晦讚許的特質，如「貪婪」在當代資本主義中經常被認為是具抱負心的表現之一（Dyer, 1999: 12-13）。最明顯符合 Dyer 所言的應該是影片中「懶惰」罪名的受害者，從影片中我們知道，受害者是個毒販，有多重暴力前科紀錄且曾性侵兒童，但他卻是因為「懶惰」這項我們都犯過的罪而被懲罰。放入前面論述脈絡中，我們知道這種罪惡選擇的奇特性正是倒錯快感策略所致，他選擇了那些在當代幾乎不可能被遵守的律法來獵捕受害者。而《奪魂鋸》的殺手所選擇的「珍惜生命」的律法更是因為其可詮釋範圍過大，以致於不可能被遵守，從曾經有過自殺企圖到當狗仔隊記者虛擲生命都可以掉在違反「生命」律法的範圍中。

當代 Lacan 學者曾將這種被倒錯快感啟動的律法稱為「想像性律法」（imaginary law），它和一般性社會律法不同的地方在於，一般社會性的象徵律法場域因為必須調節各式各樣的社會關係，所以無法構成一個自我封閉，具有一統性原則的完形整體，這一無法完全自我封閉的律法場域和主體的自由維度相關。Lacan 的主體自由並非是唯心主義式的預設，它並不來自於主體本身，而來自於社會規約場域內部的裂隙、不一致與無法完全自我封閉的特質[2]。想像性律法則不同，它是從不一致之律法場域中挑出的特定規約，然後被幻見式地想像為可以對整個社會進行完全調節，覆蓋所有社會關係場域並進而分配「良善」（"goods"）的律法碎片（Rothenberg and Foster, 2003: 5）。這種透過倒錯快感操作而貫注了快感的律法碎片生來就為了透過掠補與懲罰證明自身，而非進行總體社會調節。

---

[2]　關於此論點，參見 Žižek（1989: 153-199）。

Lacan 稱被如此操作的律法為「超我」，和 Sigmund Freud 的「超我」不同，Freud 的超我為禁制（prohibition）的發布者，它的主要話語是「你不可以……」，Lacan 的超我所發出的命令則是正好相反的「享樂吧！」（"enjoy!"）（Žižek, 1994: 20, 67）。Lacan 的超我概念特別地具有當代性，我們現處於一個後現代的快感社會中，「享樂吧！」已經成為當代最重要的強制性律令，無法享樂的人在當代社會經常被視為過著一個失敗人生的人，當這一享樂的律令被注入律法之中，Lacan 式的超我隨之而生。Lacan（1991: 102）曾評論到，這種超我化的想像性律法「同時是律法及其自身的毀滅」。

《火線追緝令》與《奪魂鋸》中連環殺手展演倒錯快感與建構想像性律法的吊詭之處，在於其完成了一項不可思議的任務，這一不可思議性表現在一連串的矛盾融合與時序倒轉上。首先，倒錯快感策略完成了快感與律法的融合，在此，快感既非律法的反面也非糾纏律法之物，律法直接成為快感的泉源。第二，倒錯快感的策略同時增強又否認了快感，它透過想像性律法增強暴力快感的同時，又允許快感主體躲在律法的面具之後，宣稱它不過是在執行任務而已。第三，倒錯快感的操作將律法與懲罰的時序倒轉了過來，在一般狀況下，律法在先，其次違反，最後懲罰，但倒錯快感的策略則以懲罰來回溯性地證成一個全能（想像性）律法的存在，此為影片中連續殺人狂將其謀殺美學化與「作品化」的來源。因為唯一能證成想像性律法不可置疑之存在的只有懲罰，懲罰的細節便必須被展示，折磨的歷程必須延長、定格與奇觀化。整體而言，倒錯快感主體將自身的暴力快感注入律法中而建構了一個具有掠補性的「活」律法，從而將律法轉換為汲取快感的工具，由此展演出詭譎離奇的暴力型態——超我化暴力。

儘管《火線追緝令》和《奪魂鋸》都具有著宗教性色彩，譬如，《火線追緝令》的連續殺人母題為「強制贖罪」，而《奪魂鋸》則將「珍惜生命」轉換為宗教訓誡式的強力規則，但從 Lacan 快感理論的角度來看，這些連環殺手絕非簡單的「信仰型殺手」。更符合 Lacan 理論的詮釋將認為，不管是《火線追緝令》中的七項罪惡，或《奪魂鋸》中的「珍惜生命」這種「類宗教式」（quasi-religious）的律法規則，都只是影片中連續殺連人狂施行超我化暴力的策略性工具，乃殺手從當代律法之不一致場域中挑出來作為想像性律法的律法碎片。

　　我們不應過度注重這裡的宗教因素乃因為倒錯快感邏輯與超我化暴力的規劃與執行不一定需要宗教性元素。在當代流行文化的場域中，媒介文化研究學派學者 Graeme Turner 所稱的「掠捕式新聞」（predatory journalism）（Turner, 1999）同時也展演了倒錯快感與超我化暴力的策略。Turner 給了我們兩個來自於澳大利亞電視節目《時事》（Current Affair）的掠捕式新聞例子。在第一個例子中，《時事》以類似調查性報導的方式試圖探索長期失業對年輕人的影響，節目首先找到三個長期失業，居住在墨爾本的年輕人，簡單地說明他們的失業狀況對所屬家庭的傷害後，節目幫他們在離家三千公里外的昆士蘭北部度假勝地找到了工作。但三位年輕人後來都放棄了這份工作，因為兩位兄弟不想為新工作理髮，而妹妹則不喜歡新工作的制服。在接下來的節目中，澳大利亞的觀眾在螢幕上看著他們三兄妹飛到鄰近小島上玩帆船，享受日光浴。根據 Turner 的說法，節目的播出如同打開了地獄之門，電視臺被憤怒的電話灌爆，鄰居在電視上對他們作出惡評，各級政治人物（包括澳大利亞總理）都指責這種行為，三兄妹及他們家人在街上被人吐口水，甚至接獲死亡威脅。後續追蹤顯示，這一關於青年失業之調查性報導的「劇情發展」其實一直由節目製作單位所主導。在第二個例子中，《時事》的工作人員給予一位移民電器修理員一組損壞的錄像機，並秘密地拍攝這位移民工人的工作過程，事後再將收據與拍攝內容進行對比，暗示這位移民工人對客戶進行敲詐，這位移民工人無法以其生澀的英文面對後續排山倒海的質疑，最終選擇以自殺收場。Turner 指出，這種掠捕式新聞的操作涉及藉由一連串技巧布置（隱藏攝影機、狗仔隊、脫口秀中「意外」的特別來賓等等）來圍困被報導對象，通過暴露並放大被報導對象的瑕疵行為以於市民社會中生產（針對被報導對象的）巨量義憤，而上這一切策略都是在「公共利益」之名下進行。Turner 指出，整體而言，掠捕式新聞學常奇異地透露出一種能高度控制媒體再現技巧的把握，及隨時準備動用這些技巧的信心（同上註：70）。這種以「勤奮」與「誠實」的美德為想像性律法的掠捕式新聞難道不是當代新聞場域中的 John Doe 與拼圖殺人狂？

肆、「罪惡城市」與「終極謀殺」的斷層性關係

從故事情節、人物設計、打光與場景設計等等面向來看,「罪惡」毫無疑問是《火線追緝令》的主題。影片的主要人物由一個老警探、一個年輕警探與一個連續殺人狂構成,從片頭設計開始,整部電影的黑色風格便極為鮮明,故事發生在暴力與罪惡聚集且最能代表人類現代性的地理空間——城市。這個城市沒有名字,我們只知道到它充滿著骯髒的街道與沒完沒了的下雨天,導演極少使用自然光而採用大量人造打光,以營造影片的黑色基調與光影效果。影片中更運用大量微型敘事、畫面細節及畫外音營造一個罪惡城市的形象,譬如,老警探訴說著他越來來不能接受現代的犯罪,一個劫犯在搶到東西後,還刺瞎倒在地上受搶者的雙眼;他更不能接受現代人的自私心態,如他所說,現在「在任何大城市,人們都習慣少管閒事,在女性防身課程中,第一條就是教遇到暴徒時,不要喊救命,而要喊,著火了,喊救命沒人會理你的,大吼著火了,他們才會過來」。他搭計程車時,看見下雨的窗外街道上有人倒在路中央,周圍則有著人群圍觀並相互拉扯。這些城市的罪惡甚至滲透到最溫暖的私人家庭空間,老警探所居住的公寓房間隨時充斥著隔壁鄰居叫罵與相互毆打的聲響,年輕警探則因為被地產仲介商欺騙,而居住在一個每隔一段時間就被地鐵通過吵得不得安寧,傢俱器物震動搖擺的居家空間中。《火線追緝令》中的人類空間是一個罪孽絕對蔓延與世界對這些罪孽漠不關心的世界(Dyer, 1999: 10)。

故事中的罪惡頂點表現在年輕警探的妻子被殺害的情節發展上。儘管出場時間不多,年輕警探的妻子無疑是影片中唯一的善良慈祥象徵,她總是穿著白色衣物並被柔和燈光壟罩著出場,年輕警探出門打擊犯罪時,她總是睡的像個嬰兒,象徵著警探每天面對邪惡「為何而戰?」的一切理由答案。她彌合了老警探與年輕警探交往關係的鴻溝,她懷有身孕,乃影片中唯一的「新生」象徵,但這唯一的天使卻遭到「斬首」這種最具象徵性的暴力處決。她的首級甚至被連續殺人狂以開玩笑的方式裝在紙箱中寄給警探,由此觸發最後的終極謀殺,讓年輕警探犯下「暴怒」之罪,盛怒下殺死「忌妒」警探擁有天使般妻子的兇手。這唯一善的死亡成為罪惡達到極致的最後媒介,並讓「作

者」般的殺手被直接鑲嵌進他的「作品」中，由此正式完成七宗罪謀殺的「作品化」工程。《火線追緝令》給了我們比抓不到兇手更絕望的結局。

「罪惡城市的場景設計」與「對天使的終極謀殺」兩者構成了一個相當明顯的關係，亦即，「罪惡城市」建構了絕對惡謀殺絕對善的「背景」，但若我們進一步追問罪惡城市「『究竟如何』作用為終極謀殺的背景？」這一問題時，就可能出現不同的詮釋。一種比較簡單的詮釋方式是認為罪惡城市之設定和終極謀殺兩者間乃故事設計之有機整體的兩個部分，前者（罪惡城市）預示著後者（連環謀殺）的到來。奠基於前一部分對於連續謀殺之倒錯快感的詮釋性文字，筆者在此希望提供另一種詮釋方式，亦即罪惡城市的設計與終極謀殺行動間的關係並非有機整體，前者並無法預視後者的到來，相反的，兩者間的關係是差異化或甚至斷層化的，而此一斷層式的突顯幫助我們區分出不同的邪惡。筆者以為，此一對邪惡的差異化突顯甚至可以成為《火線追緝令》的核心啟示。

不管影片中所描繪的罪惡如何蔓延在城市的所有角落，或甚至侵入到私人的居家空間，但這些暴力都屬於踰越性暴力的範疇，基本上逃不過前述的「暴力－後悔」宿命迴圈。相對於此，影片中連續殺人狂所展演的暴力卻是倒錯的超我化暴力，這是連環殺手的暴力比罪惡城市更邪惡之處。首先，影片中老警探無奈地認為員警的工作常只是哀傷地記錄犯罪事實，把它們「存放好，以備萬一法庭上用得著它們」，相反地，年輕警探則深信自己的工作並嫉惡如仇，儘管他們在面對充滿踰越性暴力的罪惡城市時，表現出清楚的二元對立看法，無名氏的凶行卻一次性地以其作品化的連續謀殺直接爆破了這一二元對立的框架，將罪惡斷層式地上升到突破兩位警探所習慣的踰越性暴力的罪惡層次。其次，年輕警探的天使妻子儘管無奈於生存環境的惡劣，但仍以優美慈祥的姿態生活在罪惡城市中，成為片中唯一的城市之光，踰越性暴力無法捏熄這一城市之光，但她卻遭到超我化暴力的斬首，並觸發了完成整個謀殺作品的終極謀殺。最後，影片中超我化暴力斷層地超越踰越性暴力還表現在「無力執法者」這一面向上，《火線追緝令》和《奪魂鋸》中的警探不但無法抓到兇手，《奪魂鋸》中與連環殺手失之交臂的警探後來進入走火入魔

的執迷瘋狂狀態,而《火線追緝令》中嫉惡如仇的年輕警探最後則受到毀滅性打擊,呆若木雞地坐在警車後座被載離終極謀殺的現場,他的意識退縮到與現實世界斷絕聯繫的狀態,在這裡,倒錯快感與超我化暴力對執法者產生了毀滅性的效應。這是因為執法者權力的基礎乃是針對踰越性暴力行為的一般性律法,這讓執法者在根本上無法面對同時是「律法及其自身之毀滅」的超我化暴力。這一「邪惡的斷層」或許才是《火線追緝令》和《奪魂鋸》兩部當代驚悚電影經典的核心啟示,也就是,相對於充滿踰越性暴力的罪惡城市,以(想像性)律法為武器的超我化暴力才是真正的終極邪惡。

參考書目

外文文獻

Chion, Michel (1992)."The Impossible Embodiment," in Žižek, Slavoj (ed.), *Everything You Always Wanted to Know about Lacan (But Were Afraid to Ask Hitchcock)*, London and New York: Verso.

Copjec, Joan (1996). *Read My Desire: Lacan Against the Historicists*, Massachusetts and London: MIT Press.

Dyer, Richard (1999). *Seven*, London: British Film Institute.

Evans, Dlyan (1996). *An Introductory Dictionary of Lacanian Psychoanalysis*, London: Routledge.

Lacan, Jacques(1991). *The Seminar of Jacques Lacan, Book I: Freud's Papers on Technique (1953-1954)*, New York: Norton.

Rothenberg, Anne Molly and Foster, Dennis (2003). "Beneath the Skin: Perversion and Social Analysis," in Rothenberg, Anne Molly, Dennis Foster and Slavoj Žižek (eds.), *Perversion and Social Relation*, Durham and London: Duke University Press.

Turner, Graeme (1999)."Tabloidization, Journalism, and the Possibility of Critique," *International Journal of Cultural Studies*, 2(1): 59-76.

Žižek, Slavoj (1989). *The Sublime Object of Ideology*, New York and London: Verso.

Žižek, Slavoj (1994). *The Metastases of Enjoyment: Six Essays on Woman and Causality*, New York and London: Verso.

Žižek, Slavoj (2005). *Fragile Absolute: Or, Why is the Christian Legacy Worth Fighting For*, London and New York: Verso.